FINANCIAL ENLIGHTENMENT

財商啟蒙！

樂律

玲瓏 著

U0545651

孩子的第一堂金錢課

遠離炫富與比較，
成就物質與精神的雙重富足

每一筆零用錢，都是塑造孩子價值觀的起點
告別自卑與虛榮，金錢不再是枷鎖
掌握駕馭金錢的主動權
成就物質與精神的雙重富足

目錄

目錄

第一章 培養孩子：父母的選擇決定未來

人為什麼會有貧富差別

人與人為什麼會有貧富差別？其中有很多因素，不論是從社會角度分析，還是從個人角度分析，所得出的結論都各不相同。

很多家長都被孩子問過這樣的問題：「我們家有錢嗎？」面對這樣的提問，家長一定要謹慎對待，既不能保持沉默，也不能著急回答，應該先了解孩子提問的原因，再組織語言巧妙應對。

小文的家庭條件比較差，在她小時候，很長時間才會有一件新衣服，她的衣服基本是親戚家小孩穿過的或是買了不喜歡才送給她的。她的書包和文具大多也都是親戚、朋友送的。

隨著電子裝置的廣泛使用，小文的很多同學都拿著平板電腦、智慧型手機學習或休閒娛樂，但小文卻什麼都沒有。有一次，一個同學拿著平板電腦和大家一起觀看線上課堂的教學影片。

在觀看的過程中，平板電腦顯示有人打電話來，小文感到十分驚奇，便忍不住問：「這還能打電話？有這麼大的電話嗎？」剛說完，小文就覺得氣氛不對，同學們都用異樣的眼光看她，甚至還有同學說：「小文，你怎麼什麼都沒見過。」小文十分尷尬，低著頭一聲不吭。

回到家後，小文便對媽媽說：「媽媽，我不想上學了，在學校我感到十分自卑。」

媽媽不解地問：「怎麼了？發生什麼事了？」

「同學們都在用平板電腦和智慧型手機，而我卻沒有。對這些東西我一點都不了解，同學們還嘲笑我。媽媽，我們家買不起嗎？我們家很窮嗎？」小文越說越覺得委屈。

案例中，小文的委屈是家長不願看到的，但這種情況早已屢見不鮮。如果讓孩子長時間地在這種心態下學習、成長，對孩子以後的社會生活會有一定的影響。

家長是孩子最好的老師，家長的人生態度決定了孩子未來的發展方向。當孩子對貧富產生疑問時，家長需要進行正確的引導，不論是貧困還是富裕，都要給孩子正確的價值觀教育。在教育孩子時，家長向孩子「哭窮」的行為要不得，這會讓孩子產生自卑心理，總覺得低人一等；家長向孩子「炫富」也不可行，這會讓孩子產生自大心理，甚至會以貧富來衡量交友標準。家長在孩子面前過分「炫富」，會讓孩子狂妄自大，產生比較心理，一旦比較的心態不能得到滿足，就會產生不良的心理狀態。

◆讓孩子樹立正確的金錢價值觀

說到貧富，我們最常想到的就是金錢。很多家長認為孩子應該以學習為主，不應該過早地接觸和考慮金錢方面的事情，有的家長甚至會對孩子保密家庭的收支情況。但也有一些家長，為了讓孩子能夠專心讀書，只是一味地滿足孩子的各種需求，本著再窮也不能窮孩子的想法對待孩子。這樣做很容易導致孩子樹立錯誤的金錢價值觀，讓孩子不停地索取，沒有合理消費的概念，也根本意識不到錢是付出辛苦勞動賺來的。對於家長來說，正確的做法應該是潛移默化地將正確的金錢價值觀傳遞給孩子。

安安的爸爸媽媽工作比較忙，也比較累，但是他們從來都不和安安聊關於賺錢辛苦的話題。每次安安要錢的時候，爸爸媽媽就會直接把錢給他，也不問他要錢做什麼、買什麼。

每天安安的爸爸媽媽回到家就各自玩手機，安安想讓爸爸媽媽講故事給他聽，也總是換來一句：「給你錢，自己拿去買東西，不要來煩爸爸媽媽。」

時間長了，安安想買什麼就買什麼，沒錢了就向爸爸媽媽要，甚至到後來他知道爸爸媽媽把錢放在哪，沒幾天就自己去拿。

爸爸媽媽工作忙，無暇顧及安安，安安就漸漸迷上了網路遊戲。安安經常會看一些遊戲直播，為了讓遊戲中的自己更強大，他開始儲值消費，並在手機上連結了媽媽的銀行卡。

等到安安的爸爸媽媽發現銀行卡中的錢減少時，他們二人辛辛苦苦存了一年的錢已經被安安揮霍一空。而安安則認為家裡賺錢很容易，對金錢依舊毫無概念。

案例中，安安變成這樣，和他的爸爸媽媽沒有及時教導他正確的金錢價值觀有很大關係。家長應該儘早教育孩子金錢價值觀，要讓孩子知道賺錢不容易，要引導孩子進行正確的消費。家長對孩子金錢價值觀的教育，相當程度上會影響孩子的未來，因為家長是孩子最好的老師。

培養孩子的財商意識

很多人將貧富差別歸咎於長輩沒能替自己創造足夠的條件，自己沒有碰上好的機遇等等。但這些只是客觀因素，最主要的因素是個人的財商意識。

大林和小徐是多年的鄰居，兩人的家庭條件和背景沒什麼區別，且結婚和生子的時間也差不多。但是在教育孩子的準則上，大林和小徐是完全不同的。

大林和小徐在同公司上班，同樣都很忙，大林就經常給孩子一些零用錢，讓孩子自己吃喝，而小徐則不會把錢給了孩子後就不管。小徐會教孩子把零用錢分成幾個部分，並且記錄錢是怎麼花的、買了什麼。小徐還經常帶孩子逛街，讓孩子自己選擇商品，並且同品類的商品只能選擇一種，讓孩子懂得取捨。

兩家的孩子慢慢長大了，國中畢業上了高中。因為大林和小徐是多年的鄰居，所以兩個人商量每個月給孩子的生活費是一樣的。大林的孩子上了高中後，每個月還沒到月底就把錢花得一分不剩，吃飯都成問題，常常是小徐的孩子借錢給他。而小徐的孩子上了高中後，把生活費合理地分成幾個部分，用來吃飯的、用來買零食和朋友分享的、用來買文具用品的，還有一部分用來應急。他的規劃讓零用錢得到合理應用，並且每個月都會有所剩餘。這種方法讓他有了自己的理財觀念，並且對生活也有了自己的看法和態度。

案例中，小徐的孩子之所以能把錢財管理得井然有序，是因為小徐讓孩子從小就懂得取捨，並且有計畫地使用錢財，引導孩子擁有自己的理財意識。隨著孩子的財商越來越高，一旦有表現的機會，就會顯現出與別人的不同。雖然大林和小徐的貧富水準相似，但是他們的孩子會因為不同的金錢教育漸漸產生差別。

財商是影響貧富差別的重要因素，也是理解到貧富差別並改變它的重要途徑。結合智力教育和道德教育，財商教育能讓孩子了解到貧富不同的行為方式，並在物質社會中擁有自己的理財能力。

觀念比金錢更重要

孩子在生活中有父母、親人的照顧與關懷；在學校裡有老師的諄諄教導；還會受到身邊無處不在的新聞媒體帶來的影響。但是家長思考問題的角度不同，對孩子所產生的影響也就不同。

在金錢方面為孩子樹立一個正確的消費觀，直接影響著孩子未來的生活品質。

亮亮的媽媽經常帶亮亮去同事或朋友家裡做客，媽媽希望亮亮能夠和別的孩子成為很好的朋友。但是有一次，亮亮從小梅家回來後就悶悶不樂，媽媽十分疑惑地問亮亮：「怎麼了？這麼不開心？」亮亮說：「媽媽，我聽小梅說他們要搬家了，要搬到更大的房子裡，而且她媽媽還買給她更大的電視和好多玩具。小梅說，越貴的玩具越好玩，越貴的東西越好。」媽媽聽完亮亮的話，沉默了一會，然後對亮亮說：「亮亮，你有自己的房間和玩具嗎？」亮亮歪著頭道：「有啊，但是沒有小梅的房間大，也沒有她的玩具多。」媽媽摸著亮亮的頭，輕輕地笑道：「亮亮，你的玩具有沒有帶給你快樂？你的房間有沒有讓你睡得很舒服？」亮亮說：「有啊。」媽媽又接著說道：「亮亮，你睡覺睡得香甜和房間多大、床多貴沒有關係，玩具能不能讓你開心也跟錢多錢少沒有關係，重要的是你心裡怎麼想。當你把心思放在有價值、有意義的事情上，即使不花任何錢，心裡也能充滿快樂。你應該把精力放到學習知識和拓展興趣上，讓自己成為有用之才，將來用憑藉自己努力賺來的錢去做喜歡的、有意義的事情。」

案例中，亮亮媽媽面對亮亮的疑問沒有訓斥，也沒有提到自家的家庭條件，而是透過轉變孩子看事情的角度，改變孩子的觀念。金錢雖然可以帶來物質上的滿足，但不一定能讓人獲得內心想要的快樂。

孩子的觀念主要受家長的影響，家長有義務和責任幫助孩子樹立正確的人生觀、價值觀。當孩子有了正確的觀念後，就不會輕易迷失自己，家長需要正確引導孩子，讓孩子健康快樂地成長。

讓孩子知道賺錢不易，要合理花費

樹立正確的金錢消費觀對於孩子來說十分重要，家長要盡量避免只顧賺錢而忽略教育孩子金錢觀的情況。金錢教育並不是將金錢交給孩子支配就可以了，要讓孩子知道金錢並非唾手可得，同時還要教會孩子合理地利用金錢。

思琪的爸爸媽媽都是企業高層，經常到各地出差，陪伴思琪的時間是少之又少。在思琪的印象中，爸爸媽媽總是急急忙忙，但是對自己很好。因為他們每次回來都會帶著思琪瘋狂地購物，甚至還幫她辦了一張卡，並時不時地匯錢進來。在思琪的爸爸媽媽看來，沒有多餘的時間陪孩子，就用金錢來彌補，讓孩子隨心所欲地花錢也是愛。

受爸爸媽媽的影響，思琪買東西從來不問價格，也不管買的東西是否有用，總之就是買買買。天有不測風雲，爸爸媽媽的公司因為經營不善要大裁員，他們兩人恰巧都在其中。家中失去了經濟來源，匯給思琪的錢就變少了，但是早已習慣揮霍的思琪哪管得了那麼多，便走上了學貸的道路，帶給自己和家人不小的麻煩。

案例中，思琪從小就體會不到賺錢不易，金錢消費觀扭曲，滋生了不良的消費觀念。加上爸爸媽媽對她缺乏正確的引導和管教，最終釀成大錯，悔之晚矣。

家長不該吝嗇將錢花在孩子身上，也不該毫無節制地讓孩子花錢，家長對孩子要有金錢上的控制，要從根本上改變孩子認為錢好賺的想法。讓孩子合理利用金錢提升自己，並養成良好的素養和價值觀，才是真正的「富養」孩子，才能真正讓孩子在未來獲得巨大的提升。

✦改變觀念，先做人、後成事

真正的富有是一種精神上的富有，要有寬廣的心胸、良好的教養、開闊的眼界，這樣孩子才能飛得更高、走得更遠。財富不只是金錢，知識、閱歷、智慧、眼界和誠信也是一筆可觀的財富。他人可以奪走你的金錢，但奪不走那些內在的財富。

即便有金山、銀山，但如果內在匱乏，也算不得真正的富有。對於孩子的培養，家長要改變孩子只認錢的片面觀念，要先讓孩子學會踏實做人。

小青的嬰兒用品店剛成立的時候，顧客不是特別多，為了讓生意變好，小青在店裡做了優惠活動。優惠越多，就代表利潤越少，甚至是賠錢。於是，小青便選擇了一些品質不是很好的產品進行銷售。

突然有一天，學校的老師請小青去談話，原因是小青的兒子不知道從哪裡弄來一些過期的零食賣給同學，結果同學吃壞了肚子。小青趕緊去醫院看望吃壞肚子的同學，又是賠禮、又是道歉，好一頓折騰。

晚上，小青把兒子叫來問話：「你為什麼要把過期的零食賣給同學？」小青的兒子說：「過期的零食我花很少的錢就能買到，然後再賣出去，能賺好多錢呢。」小青聽了十分生氣，狠狠地打了兒子一下。兒子立刻就哭了，還邊哭邊喊：「你每天都這樣賣東西，為什麼到我這裡就不行了？」聽到這樣的話，小青呆住了，她完全沒想到自己的行為對孩子產生了這麼大的影響。小青抱著兒子，認真地說道：「對不起，是媽媽錯了，這樣的事媽媽再也不會做了。」

案例中，小青為了獲取利益，選擇了錯誤的賺錢方式，卻沒想到會對兒子造成這麼大的不良影響。孩子年齡小，缺少辨識正確與否的能力，所以家長一定要以身作則，成為孩子的良好榜樣。

孩子人生觀、價值觀的養成與家長的觀念緊密相連，家長要端正自身的行為，才能更好地教育孩子，為孩子未來的發展鋪一條正向的、健康的道路。

金錢是流動的，不夠花可以再賺，但是對孩子的教育比給孩子多少錢重要。如果孩子在觀念上出現錯誤，而家長沒有及時進行引導，嚴重的話會讓孩子走上犯罪的道路。

沒有規定父母的錢就是孩子的

人們一直對於「父母賺到的錢是誰的？」這個問題爭論不斷。有人認為父母賺錢是為了讓子女生活富足；也有人認為孩子應該有自己的經濟來源，父母的錢的支配權在父母身上。這個問題沒有標準答案，但如果讓孩子認為父母的錢就是自己的，會使孩子變得懶惰、沒有上進心。

在孩子的觀念裡，父母是他們的避風港，孩子對父母的依賴就像魚離不開水。為了讓孩子獨立成長，父母應及早幫助孩子樹立良好的個人價值觀，讓孩子因自己獨立成長而驕傲，並非透過繼承父母的家業和財富來獲得滿足。

一天，一位同學跑到辦公室喊道：「老師，老師，馬永和張迪打起來了。」老師急忙趕到教室，拉開扭打在地上的兩人，並把他們帶到辦公室。

「說，你們兩個為什麼打架？」老師疾言厲色道。

馬永說：「老師，我不小心弄壞了張迪的文具盒，我讓我媽媽明天賠他一個更好的，他不同意，非讓我自己賠他。」

張迪說：「老師，他這是炫耀，他父母賺的錢又不是他的錢，他不能用他父母的錢賠我。」

馬永說：「他們是為了我才辛苦工作，如果沒有我，他們還打拚什麼？」

張迪說：「難道你要讓你的父母養你一輩子？你生下來就是要你父母養活的嗎？」

說完，兩人氣呼呼地怒視對方，看那樣子還想再打一架。看著各執一詞的兩人，老師讓他們沉默了幾分鐘。等到氣氛緩和下來後，老師開始教育兩位同學：「你們說的都對，但也都不對。你們是媽媽十月懷胎生下來的，是父母最親的人，也是父母的寶貝。從孩子出生起，和父母的狀態就會是照顧——分離——照顧。未成年時，孩子沒有獨立能力，需要父母的幫忙；長大後，孩子獨立且結婚成家，就會與父母分離；當父母老了，沒有了經濟來源，就需要孩子照顧、扶養他們。所以現在要好好讀書，在父母的幫助下走向獨立，在以後父母需要的時候，我們也有能力來照顧父母。」聽完老師的話，馬永和張迪都低下了頭，並向老師承認了錯誤。

案例中，老師的話清晰點明了父母與孩子之間的關係，沒有人能讓孩子一輩子依靠，要讓孩子學會獨立。只有透過自己的努力，才能真正擁有屬於自己的幸福。

父母對孩子的愛要有所保留，過度的、沒有界線的愛會讓孩子覺得父母付出一切都理所當然。父母過度的愛，再加上沒有正確的引導，對孩子的未來將會是一場災難。

花父母的錢不是理所當然的事情

父母對孩子的愛毫無保留，他們會用各式各樣的方式表達對孩子的愛，比如在花錢方面。在花錢上，有些家長會對孩子說：「沒錢就和爸爸媽媽說，我們賺的錢都是你的。」在父母看來這是為了孩子好，殊不知這些話會像毒藥一樣，毒害孩子的心靈。

蘭蘭每天上學前，媽媽都會給蘭蘭一些零用錢。時間長了，媽媽覺得每天給零用錢太麻煩，就索性把零用錢放在鞋櫃上，讓蘭蘭自己拿。媽媽還對蘭蘭說：「錢不夠就跟媽媽要，看到想買的東西就買，媽媽這麼辛苦都是為了你。」聽著媽媽的話，蘭蘭心裡暖暖的。

一開始，蘭蘭每天規矩地拿著媽媽給的零用錢。但有一天，蘭蘭在放學回家的路上，看見商店的櫥窗裡有一隻特別可愛的大熊，蘭蘭十分想要。回到家，蘭蘭想著媽媽對自己說的話，就毫不猶豫地拿走了所有零用錢，把那隻大熊買了回家。等媽媽回來後，蘭蘭跟媽媽說了這件事，媽媽不僅沒責備蘭蘭，還對蘭蘭說：「錢花光了，媽媽明天再給你。」

有了媽媽當靠山，蘭蘭開始揮霍，完全不考慮媽媽賺錢有多不容易，並把媽媽的話理解為「隨便花」。看著每天給的零用錢逐漸增多，媽媽不禁抱怨道：「你最近花的錢太多了。」媽媽剛說了一句，就被蘭蘭打斷了：「不是你說我想買什麼就買什麼嗎？不是你讓我隨便花嗎？」

媽媽很傷心，自己話還沒說完，蘭蘭就這個態度。看著辛苦養大的孩子這樣對自己，媽媽心中產生了疑惑，難道給她零用錢錯了嗎？

案例中，在蘭蘭的媽媽看來，愛孩子就是讓孩子不愁花錢和隨便花錢。後來隨著蘭蘭開銷的增多，媽媽只是抱怨了一句，蘭蘭就衝媽媽喊叫。可嘆的是，媽媽竟不知是自己對蘭蘭的過度寵愛，才造成了今天的局面。

父母的愛是無私的，但也應該是自私的。如果父母一味地付出，很容易讓孩子認為這一切都是理所當然，慢慢就會讓孩子失去對父母的感恩之心，也會讓孩子一味地依附父母，喪失獨立成長的生活能力。

父母的任務是幫助孩子自力更生

父母對孩子說「我養你」是一種極其不負責任的表現，這三個字會慢慢消磨掉孩子本身的求生能力。父母賦予孩子生命，不是要掌控他的一生，而是要讓他有屬於自己的獨立人格，可以自力更生。

每次提起母親，那藍的嘴角總有掩飾不住的驕傲與喜悅，因為她能實現夢想，全靠媽媽的支持。

那藍六歲那年，媽媽帶著她去小姨的服裝設計工作室玩，小姨便趁空閒時間親手為那藍設計製作了一身衣服。那藍穿上小姨設計製作的衣服後，覺得小姨實在太厲害了，就暗下決心，長大以後要成為像小姨一樣出色的服裝設計師。回到家，那藍和媽媽說了自己的想法，媽媽鼓勵她說：「如果你真的想成為一名服裝設計師，媽媽就助你實現夢想。」

從那以後，除了上學外，媽媽還替那藍報了服裝設計的培訓班。每天放學後，媽媽就送那藍到培訓班學習。寒暑假，媽媽也會帶著那藍參加一些服裝展，有時一些大型的服裝週會，媽媽也會不惜花重金帶著那藍參加。在媽媽一路的鼓勵和協助下，那藍順利地考上了一流的服裝設計學校。

案例中，媽媽讓那藍花錢時絲毫沒有吝嗇過，那藍也對媽媽充滿了感激之情。有了錢和媽媽的鼓舞，那藍實現了自己的夢想，找到了自己的人生座標。

很多時候，父母賺錢的動力源於孩子，賺的大多數錢也都給孩子了。但是直接把錢給孩子，讓孩子隨便花，是萬萬不行的。那怎麼做才是正確的呢？父母完全可以用一部分資金幫助孩子實現夢想，在這個過程中，父母的錢不僅用得其所，還能讓孩子知道自己想要什麼。

沒有人規定父母的錢是孩子的，父母都是心甘情願為孩子花錢、付出。天下父母愛孩子的心都是一樣的，為了讓孩子有更好的未來，父母對孩子的愛應該理性一些，尤其是為孩子花錢，要花得有價值。

拒絕「母雞式」的愛

高爾基（Maxim Gorky）說：「愛孩子，是母雞都會做的事，但要善於教育他們，這就是國家的一件大事了，這需要才能和淵博的生活知識。」愛孩子是母雞都會做的事，但是教育孩子卻只有人能完成。那麼，人和動物愛孩子的方式有什麼不同呢？母雞是怎麼「愛」孩子的？

母雞孵小雞需要二十一天時間，這段時間母雞會一直蹲在雞窩裡，專心致志地孕育小雞，直至小雞們破殼而出。在小雞們沒有獨立覓食的能力前，母雞會把所有注意力都放在小雞身上，好像外面的世界與自己無關。出於本能，母雞也會在覓食後，先試著啄一下，再餵給小雞們吃；有動物恐嚇小雞時，母雞會立刻進入「戰鬥狀態」。母雞對小雞這種專注和毫無節制的愛，相信很多家長都深有體會吧？

但是母雞對小雞無微不至的照顧是有期限的，一兩個月後，母雞就會從一個細心體貼的媽媽回到悠然自在的「單身」狀態。母雞在小雞幼時什麼都沒教牠們，現在牠們成了獨立的個體，小雞到母雞那裡搶食，母雞都會狠狠地啄牠們，完全沒有親人間的「親情」存在。

很多家長愛孩子就像母雞愛小雞一樣，毫無節制地投入精力愛孩子，把孩子的全部事情都攬在自己身上，忽視了培養孩子獨立自主的能力。這種情況，會嚴重影響孩子未來的發展。家長應該讓孩子承擔他應盡的責任和義務，學會放手，給孩子成長的機會。

不要把你的夢想強加給孩子

有很多家長在孩子還沒有出生的時候，就已經把孩子的童年規劃表列了出來，迫不及待地進行胎教、幼教，然後是舞蹈班、音樂班……恨不得讓孩子立刻能掌握這些技能。很少會有家長考慮到孩子是不是真的需要，他們只是把自己未實現的夢想或是自認為好的東西強加在孩子身上，讓孩子去完成。

李晴今年十歲了，每天早上叫醒她的不是夢想，也不是鬧鐘，而是媽媽。從李晴五歲起，媽媽每天早上都會把她叫起來練習古箏。

在李晴心裡，媽媽就只知道古箏，從未關心過自己。同學的爸爸媽媽在接他們放學回家的路上有說有笑，而她和媽媽在一起，就是被媽媽一路說教，不是問古箏練得怎麼樣，就是問哪裡沒有練好。

一天早上，看見李晴沒有起床，媽媽就來叫她。李晴望著媽媽說：「媽媽，我今天不舒服，能休息一天嗎？」媽媽說：「乖孩子，今天就練一下子，學古箏需要堅持。」見媽媽沒有答應，李晴「哇」地哭了起來。媽媽哄著她說：「乖，你要好好學，現在已經考到五級了，一定要考到十級，然後媽媽送你出國，辦屬於你的古箏演奏會。」李晴聽完氣呼呼地說：「媽媽，從小到大你有問過我喜歡彈古箏嗎？你都是按照你的目標要求我。媽媽，我很累，我不喜歡彈古箏，彈古箏是你的夢想，不是我的。」聽李晴這樣說，媽媽沉默了。

案例中，李晴的話像刀子一樣扎進了媽媽心裡，同時也扎醒了媽媽。媽媽每天圍著李晴轉，不僅丟失了自己，還把李晴搞得「暈頭轉向」，媽媽已經完全忘了李晴有自己的思想、愛好和喜怒哀樂。

很多家長都是幫孩子確立一個目標，或是讓孩子完成自己未完成的心願。在追夢的過程中，家長大多都一意孤行，在他們看來是為了孩子全身心付出，但對孩子來說這是一種負擔。這樣的愛，孩子承受不住。

愛是學會適時放手

小雞有覓食能力後，母雞會離開小雞，讓牠自力更生；幼鷹足夠大時，鷹媽媽會「狠心」地把幼鷹趕下山崖，讓牠快速學會飛翔的本領。家長養孩子，不是為了把他捧在手心，而是要讓他學會獨立奔跑。

在杉杉十八歲的成人禮上，媽媽遞給杉杉一個存摺說：「這裡面是你大學四年的生活費，怎麼花、如何花，爸爸媽媽都不會干涉，我們相信你有獨立支配金錢的能力。」

對於杉杉的爸爸媽媽而言，他們已經盡了對孩子應盡的職責，現在杉杉羽翼豐滿，需要自由翱翔了。

在杉杉五歲的時候，爸爸媽媽就要求她每天按時起床、洗臉、吃飯、上學，使她養成了很好的生活習慣。平時晚上的零散時間和周末，媽媽也會讓杉杉自己安排，漸漸地杉杉有了自行支配時間的能力。在金錢上，從每天給十元、一天給一次，到每週給一百元、五百元，也讓杉杉對金錢有了掌控力。

在爸爸媽媽的教育中，杉杉慢慢長大，從爬到自己走路；從牙牙學語到妙語如珠；從遇到事情就躲在爸爸媽媽身後的害羞女孩到現在有獨自承擔能力的亭亭少女。媽媽清楚意識到，女兒長大了，他們該退出她的舞臺，讓孩子自由發展。所以在杉杉成年後，爸爸媽媽毅然且放心地把大學四年的生活費都交給了杉杉。

案例中，杉杉成年時，爸爸媽媽放心地把錢交給杉杉管理，這既是對孩子的放心，也給了杉杉很好的鍛鍊機會。不過多地參與杉杉的成長，留給杉杉更大的發展空間，適時放開約束她的手，才是真正明智的父母。孩子就像小鳥一樣，終有一天要揮動翅膀遨遊天際，要自力更生。如果在這個階段，家長還是幫忙孩子走下去，那麼只會讓孩子逐漸喪失這種生存本能。孩子需要管教的時候，家長全力引導；孩子需要成長空間的時候，家長也要及時放手。

在日常生活中，有很多啃老族、巨嬰，那麼造就這些「畸形兒」的罪魁禍首是誰？最後受苦的又是誰？家長是否該反省自己的教育方式？是否能分清自私與無私的愛？家長教育孩子不要以自身為出發點去要求、教育孩子，而是要以孩子的需求為出發點，進行合理正確的教育指導。

洛克斐勒家族教育孩子的方式

在一定程度上，一個家族能否保持長富，取決於家族成員能否處理好以下三者間的關係。最傻的家長會給孩子很多錢；有能力的家長會為孩子搭建人脈；聰明的家長則會灌輸孩子正確的價值觀與責任感。

洛克斐勒（Rockefeller）家族創造了一個歷經了六代且不衰亡的商業帝國，為什麼這個家族的生命力如此頑強？是什麼支撐著這個家族經久不衰？沒錯，是孩子。孩子是一個家族的希望，那麼洛克斐勒家族是怎麼教育孩子的？他們教育孩子的方式和理念與普通家庭有何不同？

✦透過勞動賺取更多的零用錢

洛克斐勒家族在控制兒女零用錢的方面十分嚴苛，他們規定兒女的零用錢因年齡而異：七、八歲時每週一百元；十一、十二歲時每週五百元；十二歲以上每週一千元，每週發放一次。當然，想要更多的零用錢，則需要透過勞動來獲取。例如，捉到一百隻蒼蠅能得十元；逮住一隻老鼠得五元；種菜、堆柴、拔草也都能得到獎勵。童年時期，勞倫斯與年長他兩歲的納爾遜關係最親密，他們曾一同飼養兔子然後賣給科學實驗室換取零用錢，同時還取得了擦全家皮鞋的特許權。

洛克斐勒家族在教育孩子上花盡了心思，為了讓孩子不沉浸在祖輩的光環中，特意制定了一套教育計畫。洛克斐勒家族的孩子們要透過勞動換取零用錢，這聽起來是多麼不可思議，卻是事實。正是在這樣的教育下，洛克斐勒家族的孩子才能取得今日非凡的成就。

✦自我尊重，才能贏得世界的尊重

洛克斐勒曾說：「任何侮辱對我們的尊嚴都具有一定的殺傷力，但是你要明白，尊嚴不是別人給的，而是來自我們自身，是由自己創造的。尊嚴是我們內心精神的凝結，是每個人獨一無二的財富。」

吳軍六歲的時候，爸爸媽媽就離婚了，他一直由奶奶照顧。一天，有個同學在班上開玩笑說：「吳軍，你沒有爸爸媽媽嗎？和你同班兩年了，只看到過你奶奶每天接送你。」吳軍不知道怎麼回答這個問題，他羞憤並委屈地低下了頭。見吳軍無話可說，全班同學就跟著起鬨：「哦，原來吳軍沒有爸爸媽媽，吳軍是沒人要的孩子。」

晚上放學，奶奶接吳軍回家。平時吳軍都有很多話要和奶奶說，可今天一句也沒了。奶奶關切地問：「軍軍，怎麼了，不開心嗎？誰惹我們軍軍了？」不問還好，這一問，吳軍就哭了起來：「奶奶，我沒有爸爸媽媽嗎？為什麼他們不來看我？同學們都說我是沒人要的孩子。」

看著滿臉淚水的吳軍，奶奶將他摟入懷中說：「軍軍，你是有爸爸媽媽的，你的爸爸媽媽也很愛你，但是我們每個人從出生開始就有和父母分開的過程，為了讓你早點成長，爸爸媽媽就先離開你了，你應該開心，因為你比其他人成長得更快。」

第二天上學，同學們看到吳軍滿臉幸福的樣子，和昨天那個把頭埋得很低的小夥子判若兩人。從此，也就沒人再提吳軍爸爸媽媽的事情了。

案例中，同學們起鬨吳軍沒有爸爸媽媽，讓吳軍感到既委屈又羞憤。當吳軍把這件事告訴奶奶後，奶奶的一番話讓吳軍茅塞頓開。在生活中就是這樣，有人會讚美我們，也有人會侮辱我們，但他人的思想與言論是我們不能控制的，我們只能改變自己。被表揚時，我們不喜不悲；被攻擊時，也可以不卑不亢。只有時刻反思自己，完善自身，才會有提升。所以只要端正態度、坦然面對，即使是侮辱也會變成我們前進的動力。

◆現在就行動

有個聰明人說得好：教育涵蓋了許多方面，但它本身不教你任何一面。這句話說明了一條真理：如果你不採取行動，那麼再有道理的哲學也行不通。

下午放學，媽媽接小琳回家。小琳說：「媽媽，我想吃宮保雞丁。」媽媽說：「好啊，晚上回家做給你吃。」

等到晚上吃飯的時候，小琳興沖沖地跑出來，準備吃宮保雞丁，卻只在飯桌上看到一盤炒香菇。媽媽對小琳說：「今天沒有雞肉了，媽媽改天再給你做。」小琳沒有看到宮保雞丁，很生氣地對媽媽說：「媽媽說話不算話。」說完，便跑回房間。

時間過得真快，一轉眼就要期末考試了，媽媽說：「小琳，你每次考試都能考第一名，這次也要穩穩地拿第一名喲！」小琳爽快地答應了。

期末考試結束了，媽媽去學校拿成績單時，老師說：「小琳這次發揮失常，下降了兩名，考了第三名。」回到家，媽媽便怒氣沖沖地責問小琳，小琳卻學著媽媽的腔調說：「這次沒發揮好，下次再考個第一吧。」

家長是孩子的一面鏡子，媽媽沒有履行對小琳的承諾，小琳很快就學會了。所以當媽媽要小琳考出好成績時，小琳雖然爽快地答應，但最後卻學著媽媽，不去履行。家長想要孩子聽話，就要樹立榜樣，說到做到。

洛克斐勒在對孩子的教育中一直強調，要有馬上行動的習慣、積極主動的精神，摒除精神散漫，做個主動並勇於做事的人。不要去等待，因為只有做出來的事情，沒有等出來的完美。一個隨時行動的習慣，不需要聰明伶俐，也不需要嫻熟的技巧，唯一需要的就是堅持與努力。

洛克斐勒家族綿延六代都沒有頹廢和沒落的跡象，打破了「富不過三代」的魔咒，這跟其家族長久以來教育子女的理念有直接關聯。洛克斐勒家族透過勞動賺取零用錢，讓孩子明白賺錢不易，在生活上需要勤儉節約；讓孩子明白，只有自我尊重，才能贏得世界的尊重；讓孩子知道，受到周圍人的讚揚與侮辱是人生常態；更讓孩子體會到，創造財富的不二法寶是現在就行動。家長看到這裡，是否該立刻行動起來呢？學習正確教育孩子的方式，選擇其中實用的教育觀念灌輸給孩子。

第二章 經濟習慣：孩子深受父母影響

目標不明確的經濟教育會害了孩子

總有人問家長，你希望孩子長大以後成為一個什麼樣的人？很多家長的回答大概都是有錢人。如果按照這個目標去教育孩子，後果真的不敢想像。

「望子成龍，望女成鳳」是每位家長對孩子的期許，但在教育孩子的過程中，經濟教育是不可忽視的。如果目標模糊、不明確，家長不僅幫不到孩子，還會害了孩子。

小鑫的爸爸是銷售經理，媽媽是老師，他們對小鑫的家庭教育格外重視，尤其是經濟教育。爸爸因為工作的關係，每天都會接觸不同類型的人，然後回家和小鑫分享客戶對於金錢管理的理念；而媽媽為了更好地教育小鑫，平時會特別關注當下的經濟發展趨勢、記錄最新的經濟教育知識，最後以講故事的形式講給小鑫聽。

小鑫對於金錢管理、賺錢管道、花錢方式都很有見解，當同學們討論相關內容時，小鑫都能講出個道理來。但當同學們問小鑫，他未來要做什麼、要靠什麼賺錢、賺了錢怎麼支配時，小鑫迷糊了，一時間竟摸不著頭緒。小鑫在心裡想著：是呀，我對各個方面都了解，但對自己的未來卻沒有一個明確的目標。

案例中，這種情況是很多家長都會遇到的，為什麼對孩子付出多，回報少？的確，小鑫的爸爸媽媽對小鑫的經濟教育很用心，但他們都是以自己的方式在教育小鑫，所以當他們把不同的觀念灌輸給小鑫後，小鑫會認為這樣也對，那樣也可以。孩子還小，缺乏獨立的思考能力，家長給出的不同意見會讓孩子沒有明確的目標。

明確的目標就如同一座燈塔，可以幫助孩子照亮前方的路。家長只有了解經濟教育方面的標準，其教育才具有一定的指導價值。

在孩子小的時候，獨立思考的能力沒有形成時，家長的言行舉止都會潛移默化地影響孩子。在經濟教育方面，家長「盲目教」不如「學會教」。確定一個明確的目標，遠比單純灌輸給孩子相關知識點要重要得多。

沒有明確的金錢觀目標，不要來教育孩子

在經濟教育方面，家長如果沒有一個明確的目標就盲目地教孩子，不僅幫不到孩子，對孩子還是一種負擔。

前段時間，小魏的媽媽聽到樓下乘涼的家長們在討論一本教孩子經濟學啟蒙的書。家長們都說這是一本很好的書，書的內容是一位爸爸嚴肅但不死板地講經濟學給孩子聽，讓孩子輕鬆了解經濟學。聽到這，小魏的媽媽立刻跑到書店買回這本書。當小魏看到這本書，很快就被書裡面的小故事吸引了，可是還沒等小魏把書讀完，媽媽就換了策略。

因為昨天，小魏的媽媽聽其他的家長說，經濟教育讓孩子動手實踐更重要。小魏想繼續看那本經濟學教育書，但是媽媽卻非讓他去「賺錢」。

一年很快就過去了，媽媽忙得焦頭爛額，可小魏連對金錢最基本的認知都沒有，更不用說建立金錢觀了。

案例中，如果從一開始媽媽就讓小魏堅持把書讀完，他定能有所收穫。但由於媽媽的目標不堅定，對於小魏的經濟教育沒有一個明確的規劃，只是聽別人說什麼好就去做，到頭來小魏什麼都沒學會。

為了讓孩子儘早有完整的經濟觀念，並在經濟上能夠獨立，家庭的經濟教育至關重要。如果家長沒有一種明確的教育方式，不僅幫不到孩子，還會適得其反。

明確的目標讓孩子起跑有動力

讓孩子贏在起跑點上，是每位家長的期許。一個明確的教育目標，就是孩子奔跑路上最好的助手。

珞珞的爸爸媽媽對珞珞的家庭教育做得就很好，對於珞珞的經濟教育更是從小做起。在珞珞三到五歲時，爸爸媽媽就特意教育珞珞的金錢觀，教珞珞了解錢的功能、用途等；珞珞到了六歲，爸爸媽媽便開始教珞珞怎麼花錢，怎麼保密個人資訊，並為珞珞制定了相應的經濟教育計畫。等到珞珞十八歲時，不僅大學是她自己選的，就連讀大學的費用也是由她自己支付。

案例中，珞珞的經濟教育可以算是成功的典範，這些都要歸功於她爸爸媽媽的正確引導和日常規劃。在珞珞的成長過程中，從了解錢到學會如何花錢，透過循序漸進的方式，讓珞珞漸漸進步，讓珞珞有了很強的自理能力。

在孩子的成長過程中，家長就是孩子指路的明燈，只有當這盞燈朝著一個正確的方向引路時，孩子才不會迷路。

對於孩子的經濟教育，家長的出發點都大致相同。為了讓孩子在日後的生活中擺脫經濟困擾，家長用盡各種方法來幫助、教育孩子，但效果甚微。這時候，家長是否該及時反思，反思對孩子的教育方式是否正確？

成為孩子的經濟導師

財商是一種了解金錢和駕馭金錢的能力，所以家長對孩子的財商教育十分重要。對於孩子的財商教育，每位家長都有平等的發言權，並沒有貧富之分。

由於哈哈的成績名列前茅，便被老師調到了資優班。資優班的大多數同學都有個富爸爸，而哈哈的爸爸只是個普通的技術員。爸爸每個月拿著固定的薪資，對理財方面很少關注，對於哈哈的教育也只是偶爾說句要好好學習。

一天，一家三口吃飯，哈哈問：「爸爸，你為什麼從來都不和我說理財、賺錢方面的事？我同學的爸爸總是和他們說這些，同學們私下也會討論哪種理財產品更安全、收益更大。他們之中有的人都可以自己賺錢了，而我卻什麼都不懂。」哈哈看著爸爸，等著爸爸的回應，而爸爸和媽媽對視了一眼，都沉默不語！

案例中，哈哈的爸爸不知道怎麼回答哈哈的問題，因為在爸爸的意識中，完全沒有教哈哈理財、賺錢的概念。有些家長則已經深刻地領悟到了經濟教育的重要性，所以在孩子很小的時候，家長就會把自身的經驗告訴他，讓孩子長大後少走彎路。

經濟教育是每個孩子都應該接受的基礎教育，不能因為家長自身的原因而讓孩子缺少相關方面的教育。家長對理財知之甚少，更缺少財商，但這並不妨礙教育孩子。家長缺乏相關知識，可以和孩子一起學習，這樣既能加深與孩子的感情，又可以共同進步。

◆孩子的教育容不得片刻的等待

家長教育孩子，並不是要等家長準備好了才去教育，而是要在教育的過程中，家長和孩子都在成長。

有一天晚上下班後，榕榕媽媽回來抱怨說：「同事的孩子現在都能看懂理財產品了，我們家榕榕還什麼都不知道呢。」榕榕爸爸悠悠地說：「急什麼，等我手上這支股票賺錢了，我就教榕榕玩股票。」

半年過去了，股票一點動靜都沒有，榕榕媽媽不耐煩地說：「還等，再等，榕榕小學都要畢業了。」榕榕爸爸這回說話的口氣弱了：「再等等吧。」然後點了一支菸，和榕榕媽媽說：「我也急呀，可是我沒有成功，怎麼能教好榕榕呢？」

案例中，榕榕爸爸擔心的問題，相信大多數家長也同樣擔心，因為自己沒有做過或做不好，怕沒有說服力，怕教不好孩子。孩子的成長速度很快，家長一時對自身不足的擔心，就會耽擱了對孩子在相應年齡層的教育。榕榕還小，她要學的只是基礎內容，而榕榕的爸爸卻想教她玩股票，這樣的教法是行不通的。在對孩子的教育中，沒有要求家長是必須完美的，只要家長用心在孩子的成長過程中稍加引導，孩子就會健康地成長。

想把最好的給孩子，是每個家長的想法，但很多事情需要先完成，再美化。所以家長現在就應該行動起來，不能因為你的現狀而忽略了孩子的成長需求。

對於孩子的教育，家長基本都會陷入一個迷思，那就是誤以為只有自己擅長的、做得好的，才能拿來教孩子。事實上，家長的支持和正確的引導才是對孩子最好的、最有幫助的。

◆窮爸爸一樣可以教出富孩子

每個孩子都蘊藏著無限的潛能，孩子的潛能則需要家長的挖掘。在孩子成長的道路上，每個家長都肩負著帶孩子認路、行路，為孩子指路的責任。

晨晨的爸爸做的是木材生意，還算成功。平日裡，爸爸常常帶著晨晨外出遊玩，並趁著休息的間隙和晨晨講一些淺顯的做生意的道理。漸漸地，晨晨對做生意有了基本了解，偶爾還會跟爸爸提一些自己的小見解。

說起晨晨爸爸生意上的成功，最功不可沒的還是晨晨的爺爺。晨晨爸爸小時候就對做生意很感興趣，有同學家是做買賣的，晨晨爸爸就常去幫忙，還愛出點子，讓店裡的生意變得更好。晨晨爺爺一輩子都以種地為生，他對種地的艱辛深有體會，所以不希望兒子也走種地這條路。當看到晨晨爸爸對做生意的熱情那麼高時，晨晨爺爺就決定一定要盡自己的力量幫助兒子。為了讓晨晨爸爸更好地了解生意場上的事，晨晨爺爺向身邊做生意的朋友學習生意經，還去書店買相關的書。當晨晨爸爸對做生意的了解加深時，晨晨爺爺還拿出了家裡所有的積蓄，鼓勵兒子創業。在晨晨爺爺不斷地引導下，晨晨爸爸的生意逐漸走向正軌，每每提及此事，晨晨爸爸的眼裡都透著對父親的敬佩與感激。

案例中，晨晨爺爺並沒有因為自己是農民就止步對晨晨爸爸的教育，而是透過各種方式全力幫助晨晨爸爸完成心願。晨晨爸爸也正是在父親的一步步指引下，才能將生意做得這麼有起色。

一般的家長，大多都會和孩子講講種地的事，或是千篇一律地對孩子說要好好讀書，以後才會有出息之類的話。如果只是這樣的教育，晨晨爸爸可能就不會有今天的成就。家庭條件是不能選擇的，但家長可以透過自己的努力培養孩子改變家庭。把孩子培養成財富，也是做家長的成功。

在孩子的經濟教育上，沒有哪個家長是完全了解的。隨著孩子不斷地成長，需要獲取的東西越來越多，家長想要跟上孩子的腳步，就要有共同學習的心態，跟孩子一起努力、一起進步。

父母需要弄清「擁有」和「消費」的概念

何為消費？怎樣才是正確的消費？何為擁有？怎樣才是真正的擁有？對於這個問題，很多家長都會說：花錢就是消費，自己的東西就是擁有。如果是這樣的回答，那請您停下教育孩子的腳步。

彩雲出生時，身體比較差，彩雲的爸爸媽媽心疼她，所以從小對她倍加關愛。只要是他們能做、能給的，都會盡力滿足彩雲，平時彩雲有什麼不合理的要求和行為也都是聽之任之，疏忽了對彩雲的基本管教。

隨著彩雲慢慢長大，學會了花錢買東西，且一次買很多東西。她的爸爸媽媽從來沒有說過她什麼，漸漸地，彩雲開始揮霍，從來不考慮買的東西有沒有用，只想著買的時候高興、買的時候喜歡。一天，媽媽打開彩雲的衣櫃，裡面滿滿的都是衣服、首飾、玩具，所有的東西都亂七八糟地放在一起。

家裡就彩雲一個孩子，平日裡大家對她很是寵溺，對彩雲來說，家裡所有的東西都是她的。前段時間，彩雲姑姑家的孩子來家裡住，短短幾天時間彩雲不是吵，就是鬧，沒有一天停止。彩雲姑姑說：「彩雲這孩子，現在越來越沒個樣了。」這讓彩雲的爸爸媽媽很是苦惱。

案例中，彩雲的爸爸媽媽在開銷的問題上沒有正確地引導和控制彩雲，錯把放任當寵愛，致使彩雲的占有欲越來越強，脾氣也越來越大。到最後，爸爸媽媽都拿彩雲沒辦法了，才知道平時不加以管教其實是在毒害孩子。

當家長為孩子的過分行為憤怒、苦惱時，是否對自身的問題有過檢討？現在很多家長都迷茫於何為擁有？何為消費？加之過度消費和提前消費的事更是屢見不鮮，家長只懂得自己擁有，對共享、分享毫無概念，就更不必提對孩子的教育和引導了。

合理消費才是長久之道

消費是社會生產過程中的一個重要環節，也是最終環節，它是指利用社會產品來滿足人們各種需求的過程。

月光族可以說是在當今社會中最常見的消費群體，大學生、應屆畢業生、上班族，每個月都要靠父母的外援生活；結了婚、有了寶寶的年輕人，每個月同樣也是入不敷出。

如何讓你的經濟狀況由入不敷出轉為月有結餘呢？有經驗的父母就會告訴你：改變消費結構，增加收入管道。合理的消費行為可以改變人們的生活處境，而合理的消費有一條準則，那就是從實際出發，不提前消費、不過度消費、不雜物消費、不炫耀消費……

作為父母，在消費方面更需要自律，這不僅關乎家庭的財政情況，更關係到對孩子的教育。當父母有合理的、理性的消費觀念，在日常生活中就會慢慢影響孩子，讓孩子也逐漸養成正確的消費觀念。

曉雯的爸爸媽媽都是上班族，兩個人每個月的薪資加起來差不多十多萬元。除了供曉雯上學外，夫妻二人還需要還房貸、車貸，除去這些開銷，平時一家三口的生活也不是很拮据，而是有滋有味。究其原因，就是曉雯的爸爸媽媽對消費的控制和合理地理財，才讓生活過得幸福美滿。以下是曉雯的爸爸媽媽分享的合理消費的三步驟：

第一步，計畫性消費。每次在購物前列個清單，到店裡後，直奔「主題」而去，防止過度消費。

第二步，記明確的帳。帳目做得越詳細越好，把每月帳目做分析比對，看看哪方面開銷大，哪些東西可以不買，總結本月開銷情況，慢慢在消費方面累積小技巧。

第三步，共享消費。和身邊的朋友多溝通，身處共享時代，就要有共享消費的意識。比如出去旅遊，可以跟身邊的朋友組團去，各自有分工地購買旅遊用品，既節省了開支，又分享了快樂，何樂而不為？

案例中，曉雯的爸爸媽媽在合理消費方面為曉雯做了很好的榜樣，他們既掌握住了當下的開銷，又讓生活過得有滋有味。在獲得快樂的同時，也讓生活更美好，相信曉雯會把這種消費觀念好好地傳承下去。

網路時代不僅拉動著經濟的快速發展，也悄然改變著人們的生活觀念。曉雯的爸爸媽媽和朋友的共享消費就是意識提升的最好表現，相信在共享消費的過程中，人們會越來越懂得什麼是真正的擁有。

◆ 學會共享才會擁有更多

前段時間，「共享」事件沸騰一時。隨著共享時代的來臨，共享單車、共享雨傘，共享充電器……正在悄然影響著人們的生活。

共享經濟也被稱為共享消費，它創造了一種新的生活方式。消費者可以透過合作的方式來跟他人共享產品和服務，以分享替代私有，我的就是你的。

小青的成績很好，但每次考試都是第二名，第一名總是程櫻。眼看要期末考試了，程櫻生了一場大病，就算能趕上期末考試，功課落下很多，怕是也考不出好成績了。因此，小青一陣竊喜。

她回家和爸爸分享了這個「好消息」後，爸爸淡淡地笑了一下說：「先吃飯吧。」飯後，爸爸來到小青的房間，用漫不經心的口氣說：「哎，我家小青撿了個大便宜呀，真開心。可換作是我，我會把學習筆記分享給程櫻同學，要是我們兩個一起進步，我會更快樂！」聽了爸爸的話，小青很認同地點了點頭。

案例中，因為爸爸的引導，小青懂得了分享。分享不僅可以幫助小青獲得快樂，還會讓小青在幫助程櫻的過程中有新的感悟。

家長應該為小青爸爸的行為按讚，正是因為爸爸清楚擁有和分享的區別，才會在小青的認知出現偏差時，及時地矯正、引導。這樣做不僅教會了小青要懂得分享，還提升了她的格局，開闊了她的心胸。

在物欲橫流的時代，如果隨波逐流，只會有停不下來的消費和無窮無盡的占有。家長作為孩子成長過程中的「掌舵人」，必須要不斷修正自身的行為，透過孩子的言行不斷審視自己，這樣才能做得更好。

從家庭現狀出發

每位家長都想把世界上最好的東西給孩子，但家庭之間有貧富差距，家長只能盡己所能把最好的給孩子。當孩子接觸到了外面的世界，發現自己擁有的和別人擁有的有一定差距時，家長應該怎麼做呢？讓孩子滿足當下，就是對孩子的家庭教育中又一堂重要的課程。

對於孩子的家庭教育，家長需要從實際出發，從家庭的實際消費情況教育孩子，這是孩子與社會接觸前最需要學會的東西。

落落出生時，家庭條件優越。爸爸是一名出色的建築工程師，高薪供養著整個家庭，媽媽則順理成章地做了全職太太，一家三口過著溫馨而富足的生活。

可惜天有不測風雲，人的禍福是無法掌控的。在一次去施工現場查看建築時，突然從樓上掉下來的磚頭砸在了爸爸身上。這次意外事故奪走了爸爸的生命，也奪走了落落原本平靜、富足的生活。

落落讀私立小學，學費對於之前的他們來說，只是很小一部分支出。但是爸爸去世後，這筆費用對於沒有收入的家庭來說，就是個「天文數字」。

一天放學回家，落落跟媽媽說：「媽媽，媽媽，我想買一個玩具。」媽媽隨口問：「多少錢呀？」落落說：「八百八十元。」換作以前，媽媽一定痛快地答應了，可現在失去了爸爸這個棟梁，媽媽咬牙拒絕了。雖然不想讓落落受委屈，但是他們還需要生存，看著一再減少的存款，如果任由落落一如從前地花下去，媽媽確實負擔不起啊！

案例中，媽媽的為難讓人心疼，但如果將落落一下子拉回現實，和媽媽一起去面對突如其來的變化，陽光可愛的落落會怎麼樣呢？現在媽媽對落落的愛，都是滿滿的憂慮和擔心。媽媽的擔心是正常的，但多餘的擔心對孩子來說就是負擔。

事實上，大多數家長都低估了孩子的能力，孩子的自癒能力要比大人強，在承受壓力方面，也需要家長的引導。如果在孩子的成長過程中，家長把外部壓力都解決了，那麼孩子在後天成長中，可能遇到一點小問題就會一蹶不振。

尤其是對於家庭經濟水準的教育，不論是貧窮或富有，家長都要灌輸孩子一種正確的消費觀，適當地讓孩子了解家庭的收支狀況。家長加以引導，讓孩子體會到家長賺錢的辛苦，孩子才會根據當下家庭的經濟水準來消費。

◆讓孩子知悉家庭的實際經濟情況

不論家裡有錢、沒錢都是事實，讓孩子知道家庭的實際經濟狀況，並參與家庭消費，才能讓孩子體恤家長的艱辛與不易。

大志是土生土長的山裡小孩，家裡一代代都以種地為生。爸爸則因為平時愛張羅事情，鄉里鄉親就推選他當上了里長。當上了里長的爸爸有幸走出山裡幾次，看到了外面的世界，回來後幾天晚上都睡不著覺，立志要把兒子送出家鄉。

大志也爭氣，成績一直穩居班上第一，而且學測還是全縣第一，爸爸看著他，心裡有說不出來的高興。可高興過後就是沉默，幾萬塊錢的學費對僅靠種地維持生計的家庭來說是高額的費用。晚上，大志看到滿面愁容的爸爸，蹲下來說：「爸，上學的費用你不要擔心啦，我都聯絡好了，明天就出去打工賺錢。如果不夠，我就去找校長商量，家裡一年收入多少錢，我心裡有數，如果錢都讓我一個人拿走，你們吃什麼？我不能讓你們因為我一人上學，就背上債務！」

大志的一番話，讓爸爸很是欣慰。從大志上小學起，家裡每年種多少地、有多少糧、賣了多少錢，爸爸媽媽都讓大志算，就連平時的一些開銷，也會問問大志的意見，慢慢大志就成了爸爸媽媽的小「棟梁」。在爸爸看來，讓大志知道家裡的經濟情況，是想著「窮人家的孩子早當家」。今天，大志的表現讓爸爸很驚喜，因為大志不僅體會到了爸爸媽媽的辛苦，還激起了對生活的鬥志，爸爸那滿是皺紋的臉上露出了滿意的笑容。

案例中，大志從小就熟知家裡的經濟狀況，慢慢長大後，和爸爸媽媽一起分擔家裡的事情。大志並沒有像很多家長擔心的那樣，被壓力壓倒或者就此頹廢，相反，這樣更有助於激發他的責任感，讓他更加勇於承擔責任。

家長對孩子的愛都是一樣的，但教育方式卻各有不同。有些家長會讓孩子小時候吃些苦，孩子長大後解決問題的能力會強一些；有些家長則怕孩子受苦，只想把最好的給他。但給予需要一個限度，過度給予就是溺愛。

提前察覺孩子的不合理要求

給孩子一個良好的生活環境無可爭議，但如果對孩子的無理要求不及時加以制止和引導，會讓孩子認為一切都理所當然。

為了替孩子創造一個良好的生活環境，悠悠的爸爸媽媽賣掉了兩人的婚房，又拿出些積蓄，在高級社區選了間小套房。搬進新社區，悠悠欣喜不已，因為社區的樓房建得漂亮，基礎設施也很好。悠悠經常拉著媽媽去玩，慢慢就和周圍的小朋友熟絡了。

有一天，悠悠突然和媽媽說：「媽媽，我不是小孩了，你應該買一個手機給我，我們就能隨時聯絡，你就不用擔心我的安全了。」媽媽認同地點了下頭，隔天就買回了手機。第二天，媽媽把手機拿給悠悠，悠悠看了一眼手機，卻生氣地摔到一邊說：「我要的不是這個牌子，我要的是這樣的牌子。」悠悠比劃一番。媽媽迷糊了，完全不知道悠悠想表達什麼，很無奈地對悠悠說：「明天給你錢，你自己買吧。」一聽媽媽這樣說，悠悠擦乾了臉上的眼淚，親了一口媽媽，說：「媽媽真好。」

這件事媽媽並沒有放在心上，只當悠悠是撒嬌任性。沒隔幾天，悠悠又要買手錶，媽媽想了一下，錢也給了悠悠。不到一週，悠悠看著媽媽說：「媽媽，我想買個包。」媽媽看著眼睛一眨一眨的女兒，心想：「女孩要富養」，就把買包的錢給了悠悠……

月底，爸爸媽媽算帳時呆住了，悠悠這個月買各種東西居然花了三萬多元。如果按照悠悠這個花錢速度，他們的收入根本負擔不起，這樣下去，他們三個恐怕很快就連住的地方都沒有了。

以前悠悠很乖巧呀，現在怎麼能花出去這麼多錢？爸爸媽媽想著。媽媽好像突然想到了什麼，就對爸爸說：「悠悠變得能花錢，應該是從我們搬進這個社區開始的。悠悠接觸的小朋友不同，也變成了買東西都要看牌子，牌子不對就不要。」爸爸嘆了口氣，本來搬進新社區是想給悠悠好的生活環境，沒想到，悠悠卻學會了與別人比較。

責備悠悠之餘，爸爸媽媽也進行了自我反省，反省自己是不是對悠悠寵愛過了頭。

案例中，悠悠的爸爸媽媽搬進高級社區是為了給悠悠更好的生活條件，沒想到弄巧成拙，反而讓悠悠有了比較之心。脫離家庭實際現況，一度跟風消費，這樣既加重了父母的負擔，也讓悠悠養成了一些不良的消費習慣。

對於家庭的經濟消費，孩子有知情權，家長應該讓孩子了解家裡的經濟狀況，並引導孩子進行相對應的消費。相反，如果只是一味地給予，很容易誤導孩子，讓孩子隨便揮霍，對錢沒有正確的認知。

從家庭實際出發來教育孩子，在家長的能力範圍內，為孩子創造最好的生活條件。生活條件孩子滿意或不滿意都是爸爸媽媽竭盡所能創造的，家長要告訴孩子，自己所期望的生活要透過後天的努力去創造。這樣孩子不僅會對家長存有感激之心，還會對未來充滿鬥志。

不要讓孩子長大有錢了，卻成為暴發戶

近年來，新聞頻頻報導有人奢侈消費、舉止不良，成為了「暴發戶」。相關調查顯示，這些人都沒有從小養成良好的規矩和習慣，沒有形成正確的價值觀。

讀到這裡，有些家長就會提出疑問：如何才能讓孩子長大了，有了錢，不成為暴發戶？「千里之行，始於足下。」讓孩子健康成長，還是要做好當下的教育。

小松爸爸是一名廚師，後來因為廚藝了得就開了一家飯店。剛開張時，生意平平。但隨著網路的廣泛應用，人們開始點外送，小松爸爸便借了外送的「東風」，生意非常好。

令人意想不到的是，因為菜品貴相好，味道獨特，深受眾多消費者喜愛，店裡很快座無虛席。隨著名聲越來越大，小松爸爸陸續開了幾家分店，當真是時來運轉。他從一名小廚師，短短幾年就蛻變為擁有幾家連鎖餐飲店的老闆，身分的轉變，財富的湧入，讓爸爸有些飄飄然。這種「富有」的日子，小松的爸爸從來都沒有想過，現在財富突然來臨，他就不自覺地進入了一種隨便花錢的模式。曾經買不起的、不敢買的都買回來，身邊所有的東西都換新的。看著新裝修好的房子，屋裡的整體擺設，怎麼都不舒服。

漸漸地，小松的花錢方式越來越像爸爸了，在同學面前什麼都買得起，渾身上下的衣服都是名牌，一點也看不到學生該有的樣子。

這一切都被跟小松爸爸一起長大的朋友看在眼裡。朋友愛讀書，後來成功當上了一名大學教授。剛開始的時候，朋友還耐心地規勸小松爸爸，有錢不能這麼花，但沒什麼效果，後來也就不再說了。但由此及彼，朋友開始反思自己，應該怎麼教育下一代，該教導孩子什麼樣的觀念，當孩子日後有錢了，能否把持住自己，有正確的消費觀呢？

案例中，小松爸爸在短時間內有了之前無法比擬的財富，這是好事。但當口袋裡有了錢，小松爸爸第一個想法竟然是消費，瘋狂地消費。這樣做是不對的，但如果你突然有了大量的金錢，你會做什麼呢？為了杜絕這種現象，教育就要從小做起，小松爸爸的朋友反思的問題是家長都應該思考的問題，應該如何為孩子樹立正確的金錢觀與消費觀。

對於孩子的教育，大多數家長都將注意力集中在讀書和學技能上。一般家長認為，為孩子多報兩個培訓班，只要孩子成績好了，就能有生存本領，就能賺錢。但是如何花錢更是一項能力，花錢無度、大肆消費可能會毀掉一個人。

如何花錢是一門藝術，為了避免孩子長大後有錢了成為暴發戶，家長不僅要花心思教孩子賺錢，還要在花錢上下一番功夫教孩子。

不要讓一夜暴富來得快，去得也快

一夜暴富是很多人的夢想，當幸運真的來臨時，你能把握得住嗎？如果沒有正確的金錢觀念，突如其來的財富也會從你手上溜走。

吳濤生在普通家庭，幸運的是，他出生沒多久就成了「拆二代」；不幸的是，有了這筆拆遷款，吳濤的命運並沒有因此而改變。吳濤的爸爸媽媽有了錢後就立刻辭去了工作，進入買——花——買的模式。沒有節制的開銷，讓這筆錢來也匆匆，去也匆匆，一家人的生活過得更拮据了。

也許是對曾經財富的留戀情結，吳濤從小就會省下錢來買樂透。一天，吳濤對完中獎號就癱坐在椅子上，反覆確認後，他高興地跳起來：「沒錯，中了，中了五百萬！」

前事不忘，後事之師。有了爸爸媽媽的教訓，中獎後的吳濤，生活並沒有大的改變，工作照常，獎金則拿了部分做理財，部分用於家庭的學習提升，吳濤想得更多的是如何用這筆錢來改變孩子的生活。

案例中，吳濤有錢後並沒有像他的爸爸媽媽一樣得意忘形，而是以此為戒，讓這筆意外之財發揮其最大的作用。對於錢的分配，吳濤時刻保持著冷靜的頭腦，想著如何讓這筆錢細水長流，怎麼讓孩子進入更好、更高的生活圈。

一夜暴富是每個人的心之嚮往，但暴發戶的行為卻讓人們嗤之以鼻，究其根本，就是暴發戶的思想境界和文化素養沒有與其擁有的物質財富同步提升。不管是透過誠實勞動，還是意外收穫擁有大量財富，本身不是錯，但是如果因此失去理智、揮金如土、炫耀財富，就會產生嚴重的負面影響。

◆ 要讓思想跟得上財富的步伐

林則徐曾經說過，子若強於我，要錢有何用，賢而多財，則損其志；子若不如我，留錢有何用，愚而多財，益增其過。

這句話的大概意思是：子孫如果像我一樣優異，我就沒必要留錢給他們，賢能卻擁有過多錢財，會消磨他們的鬥志；子孫如果都是平庸之輩，我也沒必要留錢給他們，愚鈍卻擁有過多錢財，會增加他們的過失。

默默的爸爸是保全人員，對於形形色色的犯罪人員早已司空見慣。但是，前段時間在審一個未成年人因為吸毒被抓的案子時，還是震撼到了爸爸。

警察：「為什麼吸毒？」

少年：「沒意思呀。」

警察：「你一個沒成年的孩子，正是應該好好讀書的時候，怎麼就沒意思？」

追問下……

少年：「我爸媽做服裝生意忙，沒時間管我，每個月只是給我錢。有錢還要上學嗎？當然是玩呀！」

警察：「這麼小的年紀，你這是玩火自焚呀。」

在當今社會，很多家長都忙於工作，由於教育的缺位，就想著用金錢來彌補孩子。可是孩子還小，對金錢沒有更深層次的了解，家長給了孩子過多金錢，卻沒有教孩子怎麼正確消費，就是將孩子引向歪路。

每個孩子出生的時候都在同一條起跑點上，如何讓孩子在這條跑道上健康長久地跑下去呢？最重要的影響因素就是孩子這一路上累積下來的涵養、自身的修養、看待事物的正確性以及端正的態度。

在人生的道路上，跑得快的孩子不一定會贏，跑得慢的孩子也不一定會輸。在這條蜿蜒曲折的道路上，孩子會遇到很多「驚喜」，如果一夜暴富會讓孩子丟掉自我，那這筆財富還是沒有比較好。

第三章 經濟教育：父母以身作則的關鍵

控制生活中的雜物消費

相信很多人都不止一次有過這樣的想法：我的錢為什麼總是不夠花？明明收入不薄而且穩定，明明近來並無什麼特大開銷，明明……錢到底是花在哪裡了呢？

正如大家所想，收入與支出並沒有什麼太大的問題，那麼造成「錢不夠花」的現象的原因是什麼呢？那就是最容易被忽略的雜物消費。

何謂雜物消費？顧名思義就是指生活中，人們在各種不必要的事物上所付出的物質消費，也可以說是不必要的支出。雜物消費往往都是產生於不被關注的細微之處，許多人並不在意的小額支出，日積月累就會達到驚人的金額，這也就導致了「錢不夠花」。

小麗已經工作三年了，就職於一家規模不小的設計公司。最近她越來越頻繁地覺得，自己的錢總是莫名其妙地「不知所蹤」。

距離月底還有幾日，這天，下班回家的她坐在沙發上開始算起了自己這個月的帳單。吃飯、坐車、逛街、購物……一筆筆開銷在她腦海中浮現，「我買了個小屏風，蠻漂亮的」，「家裡的電腦桌舊了，換一個吧」，「廚房的油煙機好像不好用了，買個新的」……最後直到把自己想崩潰，也沒有什麼結果。小麗想著，下個月爭取少花點吧，可能是這個月置辦東西花的錢有點超過預算了。

就這樣，小麗一邊安慰著自己，上床熄燈，一邊結束了苦惱的心緒。可能是她忘記了，前幾個月，她也曾一次次這樣苦想，然後毫無收穫地睡覺……

案例中，小麗的入不敷出真的是因為她沒有足夠的經濟能力來支持自己的消費水準嗎？答案顯然是否定的。那究竟是什麼導致了收入不薄的她在經濟上總是陷入窘境呢？我們不難發現，小麗是一個喜歡添置新東西的人，她在這方面的許多投入並不都是必要的，但若是要小麗短時間內改變，顯然也是不現實的。她已經在周而復始的生活節奏裡，習慣了舊物淘汰的消費觀，甚至對自己有些畸形的雜物消費理念毫無知覺。

事情若是就此發展下去，相信在未來不久的幾個月底，小麗依然會思索著自己永遠想不明白的帳目一陣苦惱之後，熄燈睡覺，安慰著自己：「這就是生活。」但若有一天，她真正跳脫出來，就可以明白，那個不科學的消費理念才是導致她生活窘迫的「罪魁禍首」。

摒棄「舊物淘汰，新物入屋」的消費觀

日新月異的科技發展帶動著生產力不斷成長，加上市場行銷的作用，使得人們的消費觀不斷革新。然而就在此過程中，許多人開始盲目消費、麻木消費，養成了極其嚴重的喜新厭舊的習慣，變相導致不科學的雜物消費行為出現。生活中，只要發現陳設老舊或是有喜歡的新款出現，人們便毫不猶豫地出手添置，使仍有使用價值的陳舊物品遭到了淘汰。這種不合理的消費觀念，很容易讓人們陷入「錢不夠花」的窘境。

小玟剛結婚不久，為了方便照顧，所以離父母和公婆的家都比較近，兩邊的老人也經常來聊天。丈夫的工作比較忙，所以平時家裡基本都是小玟在打理。

最近，小玟的媽媽明顯感到女兒有點「不在狀態」，幾次去小玟家中小玟都愁眉苦臉，平時通電話也忍不住唉聲嘆氣。心疼女兒的媽媽著實有些擔心，正值週末，所以又來到了小玟家。

剛一進門，媽媽便忍不住開口問道：「女兒，你最近是怎麼了，我總覺得你精神狀態不太對，是有什麼事嗎？你可別瞞著，讓我們擔心。」小玟見媽媽這樣說，也不好隱瞞，便如實道來：「最近不知道怎麼了，總覺得開的薪資和自己花的錢不能對等，就連之前我倆存的錢都快花沒了。可是我們什麼也沒做呀，錢都不知道去哪了，這日子可真難熬啊。」

聽著女兒的話，小玟的媽媽心中逐漸了然，語重心長地說道：「女兒啊，你們哪裡經歷過難熬的日子呀，這只是你們不會過而已。媽媽從你搬到這裡來了不下十次，哪次來你們家都變個樣，雖然你們都能賺錢，但錢也不應該這麼花呀！你就說你這個燈罩，這才幾個月，都換了三次了；還有那臺洗衣機，結婚的時候買的，沒用幾次就讓你扔掉了，偏要買那幾萬塊的新款；至於那些零零散散的東西，都數不勝數。你說為什麼沒錢了，不都被你們用到這上面去了？再過兩年有了孩子，你們難道還要這麼消費？那孩子的開銷可不是小數目啊，你們要多想想。」

媽媽的話似乎點醒了小玟，她想起婆婆之前也曾說過這方面的事，可是都被她當作了耳邊風，丈夫對此也表示無所謂，反正花了再賺。就這樣，他們漸漸地竟養成了亂花錢的習慣，如果不及時糾正，可能這個家真的要經營不下去了。想到這，小玟不禁陷入了沉思。

案例中，小玟之所以會出現入不敷出的情況，是因為她沉迷於置辦新物而不能自拔。這樣的行為，相當於之前的開銷幾乎失去了意義，也就導致了她不知不覺間手中資金的流失。

由此可見，在日常生活中科學合理的消費觀必不可少。小玟的喜新厭舊導致她生活中的雜物消費過多，資金流轉不暢，這對人們是一種警醒。摒棄「舊物淘汰，新物入屋」的思想，會讓人們更好地擁有生活中的其他點滴。

合理規劃生活中的每一筆支出

科學合理的消費觀可以讓人們無論在何種經濟條件的約束下，都能過得輕鬆自如。當然，科學合理的消費觀不單單是避免奢侈浪費，更多的則是明確規劃自己的消費，努力讓自己做到付出的每一筆支出都有其意義，並爭取讓其效益最大化。

淑華雖然剛踏入社會，但是她已經將自己的生活打理得井井有條，並且每日樂此不疲。

淑華在一家企業就職，暫時租住在公司附近的一棟公寓內。雖然目前她的薪資並沒有多高，但她把生活過得十分精緻。除了最基本的生活開銷外，淑華也會把錢用在逛街、娛樂、購物等方面，但她從來不會過度消費。她現在用著的依舊是大學時期的床單、盥洗用具等，家具也只有簡單的幾件。一年下來，淑華的生活不僅多彩多姿，還有了一定數目的積蓄，不僅讓父母安心，還讓周圍的同事和昔日的同學驚嘆不已。

案例中，淑華是一個深諳生活之道又懂得如何經營生活的典範。她並不是將自己置身於拮据的生活開銷內來累積財富，而是把自己的收入與支出平衡在可控範圍內，同時預留出積蓄空間。她的每一筆支出都有一定的必要性，而一些無關緊要的東西，她絕不花錢，這也就在極大程度上避免了浪費的產生，真正做到了「用最小的開銷精緻地生活」。

雜物消費隱藏在生活的各個角落，人們要從自身出發，改掉鋪張浪費、喜新厭舊等不好的習慣，同時還要有條不紊地規劃自己的生活開銷，努力完善自身，提高自律能力，把生活過得節約又不失色彩。

不忘初心，完善自己

生活中，不斷提升自身能力，在社會的洪流中激流勇進、不斷打拚，都是為了不斷創造和累積財富，為自己和家人創造一種接近理想的生活。

但是創造財富的過程是艱辛的，人們需要不斷地完善自己，以適應越加激烈的市場競爭和社會壓力，同時也要與時俱進，因為被時代淘汰的人永遠無法成為浪尖上的先鋒。然而，對於艱辛地創造財富，如何保證自己在擁有一定經濟基礎的情況下，社會地位穩步上升，如何讓自己的財富累積效率更高，才是更值得人們深思的問題。

小華的爸爸媽媽都是企業的員工，工作穩定、收入不薄。小小的三口之家被夫妻二人打理得井井有條，家人之間溫馨和睦、其樂融融。可是最近，他們夫妻二人之間的氣氛似乎有些怪異，總是時不時發生一些口角，而且互不相讓。

這天，加班晚歸的媽媽剛到家，包還沒放下，爸爸就開始嘮叨了。

爸爸：「你怎麼又這麼晚回來，這個月你都第幾次了，什麼工作不能明天完成？大晚上你一個女人在外面也不通知我一聲，多讓人擔心啊。」

媽媽：「工作總是拖來拖去，那什麼時候才能完成？我這麼努力，還不是為了我們能有更好的生活。」

爸爸：「你的追求是沒有盡頭的，你現在還有什麼不滿足的，吃穿出行不犯愁，每個月都有新存款，你非把自己搞得那麼累幹嘛？」

媽媽：「你這是安於現狀，每個月多賺點不好嗎？我們存的錢多了，能解決的事情就多了，孩子馬上要讀國中了，兩邊的老人年紀也越來越大，以後什麼事情不得用錢？」

爸爸：「又不是錢不夠花，你就少加班吧，穩定點不好嗎？」媽媽：「像你這樣不思進取，我懶得跟你說。」

最終，又是不歡而散。在他們各自心中都不免會想，我這樣有錯嗎？

案例中，小華的爸爸媽媽到底誰的想法是錯的呢？客觀一點說，兩人在生活態度上都沒有錯。媽媽一心提升自己的業務能力，想獲得更大的機遇，讓家庭生活更上一層樓；而爸爸要的就是安安穩穩，不要過於為難自己，在忙碌的生活中給自己一些喘息的時間。

兩種不同的生活態度和對財富的不同見解都各有道理，但如果以發展的眼光來看，在財富累積的道路上，媽媽的想法更加領先。沒有一成不變的世事，也沒有一帆風順的人生，要存更多的錢，單靠每個月的薪資剩餘來累積顯然是不夠的。在不知不覺中，安於現狀的爸爸被飛速發展的競爭時代遺棄，如果某天出現了一些不可控的情況，那他不一定有足夠的能力提供相應的支持。相反，一直堅持完善自己，使自己適應時代潮流的媽媽更有機會成為新時代的寵兒。

用勤勞的雙手支撐起通往富裕的坦途

怎麼才能讓自己賺到更多的錢？相信這是很多人都在思考的問題。其實財富累積是一個漫長的過程，除了要具備優秀的理財能力外，勤勞也同樣不可忽視。人們常說的「勤能補拙」、「勤能致富」就是這個道理。

麗華今年四十歲，生活過得有滋有味，很多認識她的人都對她羨慕不已。老公經營著一家小型企業，兒子在讀高中且成績優異，一家三口住著寬敞明亮的大房子，還有一筆數目不小的積蓄。但是，人們只看到了他們外表的光鮮亮麗，卻不知道這其中麗華為此付出了多少努力與汗水。

丈夫的事業剛起步時，正是奔波之際，每天都是天亮就走，深夜晚歸。麗華為了幫助丈夫，辭去了原本待遇不錯的工作，回到家中照顧孩子、操持家務，同時盡自己所能在事業上幫助丈夫，成了名副其實的「賢內助」。麗華學的是電腦相關科系，兼修會計，所以丈夫公司前期的大小報告、資料等幾乎都是麗華完成的。在那段最困難的日子裡，麗華在養育孩子上也沒有絲毫放鬆，相應地就養成了合理計劃消費的好習慣。

如今丈夫事業走上正軌，兒子也漸漸長大成人，麗華又依靠自己的專業水準在網路上開了一家小店。經營網店，麗華遇到過各種困難和問題，但她堅持不懈、保持初心，使店鋪的營業額持續突破。雖然生活節奏相較之前慢了下來，生活水準也越來越高，但麗華沒有懈怠，依舊嚴格要求自己。

案例中，麗華靠著自己的勤勞和堅持，不僅幫助丈夫的事業蒸蒸日上，同時還有了自己的事業。即便家中的條件越來越好，她也沒有養尊處優，而是一如既往地嚴格要求自己。也正因如此，她才能累積如此多的財富，生活也越來越美滿幸福。

賺錢的頭腦固然可貴，但勤勞的雙手亦不能缺。致富路上，被落在後方的並非不會賺錢的人，而是不懂得堅持和督促自己的人。

不要被驕縱懶惰阻礙致富的步伐

很多人在致富後會一如往日地努力打拚，但也有一些人因為財富而忘乎所以，開始不思進取、安於現狀，慢慢滋生出驕縱懶惰的習氣。長久下來，他們不僅會在致富路上寸步難行，還有可能親手將自己開創的事業葬送。

小強的爸爸在鄉下出生，他曾經隻身來到大城市打拚，白手起家，讓公司一步步發展壯大。眼看前景一片光明，可偏偏……

兩年前，隨著公司規模的擴大，小強爸爸不知不覺就自大了。在家中，他總是向兒子炫耀自己的輝煌事蹟：「我當年那可真是白手起家，一步步走到今天不容易啊，你以後得和我一樣有出息才行」，「我們家家大業大，你想要什麼就和爸爸說」……諸如此類的話他時常掛在嘴邊，在他的影響下，小強花錢絲毫沒有節制，甚至小小年紀就在同學面前炫富。

在公司方面，小強爸爸不思進取、懶惰成性，公司的業務已經開始呈現頹勢。幾名元老曾不止一次提醒他，可他置若罔聞，依舊每日忙於應酬和消遣。無奈之下，幾名元老相繼離開，公司就此轟然倒塌，不僅需要破產清算，還需要支付無力完成的大工程的違約金。這時候，他才幡然醒悟，可惜一切都晚了。創業時的豪言壯語頃刻間煙消雲散，只剩下不知所措的妻兒和癱坐在床上的自己。

案例中，小強爸爸絕對是有能力創造財富的，他白手起家，透過自己的打拚擁有了一家規模不小的中型企業。但是後來，他的懶惰和驕傲，讓他不再考慮未來的挑戰與機遇，對身邊人的善意提醒也不聞不問，失去了繼續奮鬥的雄心，最終親手葬送自己開創的事業。

生活中，這樣的例子不勝枚舉。人們往往不乏創造財富的熱情，但是在取得一定的階段性成果之後，就會放鬆自己打拚的心。這種負面思想持續得越久，就越容易迷失自我，直至從巔峰跌落谷底。致富之路猶如一條漫漫長河，短暫的努力和打拚最多只能成為其中一朵並不動人的浪花，只有自始至終堅持初心，不懈奮鬥，才能成為滔天巨浪。

別讓信用卡透支你的生活

錢是物質生活的流通代碼，一切事物，都一定與其存在千絲萬縷、不可斬斷的連繫。因而可以說，人們行色匆匆為生活奔波的過程，其實就是在「賺錢——花錢——存錢」之間循環往復。

然而隨著時代更迭，一種新興事物正在悄然改變著人們的生活方式，那就是信用卡。信用卡允許人們在擁有一定信譽基礎的情況下進行無抵押借貸，並根據信譽的良好程度和消費能力獲得不同的信用額度。號稱「預支自己的人生，充實眼前的生活」，為人們的生活消費提供了一種全新的理念。

徐帆今年四十歲，在一家建築設計公司就職。但他最近很苦惱，因為他發現最近兩年自己兢兢業業、勤勤懇懇地工作，一個月也沒賺什麼錢。

這天，又是領薪資的日子，回到家中他看著那可憐得沒有幾張的鈔票，不禁開始和妻子訴苦。

「你說我們這現在賺得越來越多，可怎麼就見不到錢呢？」徐帆一邊滿面愁容地向妻子訴說，一邊拿出了抽屜中的存摺，「這存摺上的數字怕是一年都沒漲，可能都掉了，怎麼回事呢？」妻子看著委屈的丈夫，一邊倒水一邊說道：「我看啊，就是你之前辦那信用卡惹的禍。」徐帆聞言，不禁問道：「這話怎麼說？」妻子繼續說：「記得兒子還小的時候，你的薪資很低，我賺得也少，可日子過得有滋有味。一到月底發薪資的時候，我們總得大包小包地買各種好吃的回家慶祝，你還總買大大小小的玩具給兒子，一個月下來，除了吃喝，剩下的都存到存摺裡了。可現在呢？自從你辦了信用卡，買什麼都刷，領了薪資就趕忙還卡裡的錢，剩下的當然少了。要是再遇到點什麼事，錢就不夠花了，那存摺裡的錢當然只出不進了。」

聽著妻子的話，徐帆陷入了沉思，自己這幾年確實因為信用卡方便，每個月開銷越來越大，所以到了領薪資的日子，再也沒有昔日的購物慶祝，就連原本喜悅的心情都快沒了。也許，自己真的應該改變一下生活方式了。

案例中，徐帆透過與妻子對話，了解到了自己依賴信用卡造成的嚴重後果，他也明白了，信用卡不能完全替代自己消費能力的一部分，而只是一種輔助手段。

信用卡消費作為一種新型的消費方式風靡各地，不過在使用信用卡的過程中一定要慎重。合理使用信用卡能夠幫助你更加科學地理財，可一旦因為自制力薄弱而過度使用，甚至產生依賴，那麼你將陷入借錢與還錢的惡性循環中無法自拔。

摒棄過度消費，拒絕成為「卡奴」

「卡奴」是指自身經濟能力不足，在指定還款日三個月後仍然無力償還信用卡借款的人。這些人幾乎都是因為長期不合理使用信用卡從而產生依賴心理，進一步發展為消費欲望過剩，過度消費，最終深陷其中。

小強工作已經五年了，可是從畢業到現在，他的銀行卡裡從來就沒有超過四位數的存款。這是為什麼呢？原來，小強是一名十足的「卡奴」。

五年前，剛畢業的小強信心滿滿，一心想著依靠自己數十年的知識累積與創造力闖出一片天地。因此，他在與父母商議後，就到一家規模頗大的企業就職。

來到陌生的城市，這裡的繁華讓小強眼界大開，但超過預想的高消費也讓小強並不算高的薪資難以應付。這時候，小強接觸到了信用卡，他發現信用卡可以提前拿錢消費，隔月還款，他覺得這種消費方式非常適合自己。就這樣，他申請了一張額度不小的信用卡。剛開始還好，小強只是在資金周轉不開的情況下刷卡消費，可是漸漸地，他開始控制不住自己那強烈的消費欲望，總覺得手裡有卡，大不了下個月再還。

長久下來，小強的信用卡額度不斷上漲，可是他的薪資水準卻跟不上了，眼看著還款日期將至，沒辦法，只能再辦一張信用卡來還這張信用卡的錢……如今，小強已經有了四張信用卡，有時實在付不出來，還需要找父母拿錢。父母曾不止一次勸過他，要他學會控制消費，花錢別揮霍。可前一天小強在電話裡還點頭答應，第二天一切便煙消雲散。用他自己的話說：「習慣了這麼過日子，哪那麼容易改。」

案例中，小強從原本的利用信用卡暫時緩解經濟壓力，逐漸演變為依靠信用卡生活，直至到現在的「卡奴」，只用了短短五年。這五年，信用卡消費讓小強不斷增加自己的生活開支，直至超過了自己所能承受的上限，因為他已經無法控制自己的消費欲望。

現實生活中，如小強般生活的人不在少數，「卡奴」的數量隨著時間的推移有增無減。很多人在使用信用卡消費的過程中逐漸喪失了應有的理智，將信用卡借貸額度當成自己的餘額，使過度消費現象越演越烈，甚至到了一發不可收拾的地步。鑑於此，人們在使用信用卡時，一定要避免自大心理，杜絕過度消費，以免成為一輩子在負債中度過的信用卡借貸者。

科學理財，合理利用信用卡

雖然信用卡消費有諸多潛在的負面影響，但從正面角度分析，如果懂得適當使用，信用卡不僅能便利人們的生活，還能成為科學理財的小助手。

王露是一家企業的上班族，丈夫經營一家汽車配件店，兩人育有一女，一家人生活得平淡又不乏溫馨。

有一天，公司裡的同事抱怨：「月底發了錢就得還信用卡，自己剩下的就沒多少了，日子真是過得越來越難熬啊。」說罷，就看著王露，因為她從來沒遇到這類煩惱。這天午休，大家閒聊時，就都向王露請教她生活的「竅門」，王露自然樂得分享，便和大家聊了起來。

原來，她並不是不用信用卡，只是使用的方式和大多數同事有所不同。在剛生下女兒的那段日子裡，丈夫的店面收入一般，突如其來的經濟負擔一下子落到了夫妻倆的肩上。也是那時，王露辦了一張信用卡，平時可以刷卡的地方，暫時用信用卡消費，過後再還款。不過因為自小養成的良好習慣，王露都有清楚地記錄信用卡欠款，同時也盡量控制自己的開銷。到了女兒上學時，王露對信用卡額度的使用已經控制得非常出色，基本都是在自己下月償還之後，仍然留有相當多的錢用於當月消費。她說，她從來都記得，信用卡裡的錢是借來的！

後來隨著丈夫的生意越來越好，自己的薪資水準也越來越高，王露一家便徹底擺脫了每月要用信用卡的窘境。現在她依然會使用信用卡，只不過都是在購買日常用品時利用信用卡打折，而且都是當天還款。這樣一來，不僅月初沒有還款壓力，細算下來，信用卡還替家裡省下不少錢呢。

案例中，王露也曾因為經濟周轉不開而使用信用卡，但她在消費中始終保持著理智，沒有造成過度消費的局面。不僅如此，她還利用信用卡活動節省生活開支，並且可以隨借隨還。這種在不造成經濟壓力的情況下合理使用信用卡的方式，科學理財，值得人們學習。

在信用卡消費已經成為一種潮流的今天，人們都無可避免地置身其中。我們沒有必要完全抵制信用卡，相反，還可以用它幫助自己更加科學、合理地管理自己的錢財，成為適應潮流又不沉溺於潮流的理財消費高手。

「金錢遊戲」讓中產階級日漸貧困

中產階級一般是指年齡在二十五歲至四十五歲，年收入穩定在五十萬至兩百五十萬的群體。這部分人有著許多共同的特點——他們年齡不大，卻也不年輕；他們收入穩定，大多來源於固定薪資；他們的職位大多處於中間水準；還有一點，他們普遍處於深深的焦慮中。

為什麼他們會焦慮？原因不外乎以下幾點：

一、每日為生活而奔波，為保證工作量和追求更高的職位而高頻率加班，屬於他們的排解時間少之又少。久而久之，他們的身體長期超負荷運轉，疲憊不堪。

二、因為收入是基本固定的，所以他們時刻都在擔心自己在企業中是否具有足夠的不可替代性。他們不敢停下手上的工作，甚至也不敢生病，就怕他們一旦停下，就失去了生活來源。

三、為追求更好的生活，他們肩負著房貸、車貸、卡貸，其中為人父母者，還為了孩子的教育不惜一切地投入。太多生活的重擔將這群人壓得接近窒息。

最近王強夫妻二人的生活過得不是很順心，王強說：「早上出了門抬頭看一眼，感覺眼中的天都是灰色的。」這是為什麼呢？原來，夫妻二人最近陷入了深深的焦慮中。王強與妻子都是企業員工，每天工作兢兢業業，還經常加班，但他們不覺得苦，特別是兒子出生之後，對孩子的愛和對美好生活的嚮往促使他們更加拚命。

可是最近幾年，他們的壓力越來越大，貸款買了新房、新車，加上生活開銷大，已經辦了三張信用卡。下半年，兒子就要步入國中了，夫妻二人又需要把一大筆錢投入到兒子的教育上，這使得本就瀕臨崩潰的家庭經濟又蒙上了一層烏雲。每次想到這些不得不面對的困難，兩人就免不了一陣嘆息。可又有什麼辦法呢？只能再次重溫對幸福未來的憧憬和希望，讓自己振作起來。

案例中，王強的家庭情況可以說是諸多中產家庭的一個縮影。他們住著高級公寓，開著進口汽車，吃穿日用都是名牌，孩子讀好學校，享受著一流的教育資源；他們每天過著同樣的生活，每個人身上背負著或多或少的房貸、車貸或是卡貸；他們每天東奔西跑，從不停歇，卻發現自己好像並沒有做成什麼事業，可是為了保住自己穩定的收入，為了替孩子的未來打下更堅實的基礎，他們又不得不如此。

這是一個最壞的時代，技術更新跟著時代變遷飛速前進。一不小心，你就被時代淘汰；稍一懈怠，你就被公司淘汰；沒過多久，便跌入社會底層的深淵，想要重新上來是難上加難。這又是一個最好的時代，飛速變化的社會節奏在帶給人們諸多挑戰的同時，也會帶來與之相比只多不少的機遇。人們只要跟緊時代的步伐，正確分析形勢，就可以為自己的命運掌舵，完成由貧致富的華麗蛻變。

玩轉「金錢遊戲」，而非沉迷

在大多數中產階級中，自身薪資的漲幅根本無法追上消費水準的提升速度和對美好生活的嚮往，所以很多人看中了股票、房地產等投機經濟，將自己的希望寄託在這之上。然而有投資就有風險，如果不量力而行，後果將不堪設想。

小李曾是一名網路公司的主管，年收入穩定在一百五十萬左右。與多數處於中產階級的人一樣，在貸款購買了公寓和車之後，每月的還款幾乎讓他喘不過氣來。幾年後，伴隨著孩子的出生，他覺得越來越力不從心了。

一次偶然的機會，他接觸到了股票，「只需要多考量一下市場形勢，跟風投資幾股，或許我的生活就會慢慢好轉，到時候別說什麼奶粉錢，就連今後幾十年的開銷可能都賺出來了！」抱著這樣的想法，他開始研究並將資金注入股市，買了幾支看起來還不錯的「牛股」。剛開始的時候收益還不錯，經過一段時間的買入賣出，他的手上累積了不少錢。於是，他決定抓準時機「賺波大的」。小李先是在開發區首付了一棟公寓，因為他聽說那裡將來可能會成為學區，後來又將手上剩餘的流動資金全部投到聽說會有較大漲幅的股票上。

可惜好景不長，原本預測要大漲的股票跌到了接近拋售的價格，實在沒辦法，他只能忍痛放棄。可是他不甘心，一時心血來潮地將房子賣掉，不顧虧掉的十幾萬，繼續尋找下一支「牛股」。然而事與願違，接下來他投資的股票大都不漲反跌，幾年下來，不僅沒有賺到錢，反將原有的積蓄都賠進去了。面對妻子的責問，他也只能一言不發地看著窗外，不知道在想些什麼……

案例中，小李開始時是成功的，可是他不懂節制，在嘗到一點甜頭後就不能自拔，即使多次面對失敗也不知悔改，直至最終血本無歸。究其根本，這還是在投機經濟上不自制的結果。

對待這些投機經濟，一定要保持理智，不能因為一時的收益就將手上的資金一股腦注入，這樣的投資無異於賭博。與此同時，長久進行投資的前提是不能沉迷於此，否則，致富就是空口白話，錢都被別人賺去了，你只能跌入貧困的深淵。

✦ 行之量力，方能蛻變

對於中產階級而言，沒有必要完全抵制投機經濟，但要學會量力而行，只有細水長流的投資才是風險之中最穩定的一點保障，也只有如此，才能尋求到蛻變成功的一線生機。

鄭陽在一家企業上班，過了今年就滿十年了。因為父母的遠見，家裡早早為他購置了一套婚房；上班開的車子也是他從朋友那裡買來的二手車。短時間內，他並不想貸款購買新車，因為他覺得上班就十幾分鐘的車程，完全沒有必要。

自兒子出生起，他和妻子就沒怎麼加過班，都是盡可能早點回家陪孩子。不僅如此，從小家庭教育良好的他同樣在兒子小時候就對他傾注了大量心血。他注重孩子的啟蒙教育，培養兒子自己的興趣，所以兒子因為兒時養成的各種良好習慣，自讀書起就沒有讓他操過心。加上前幾年累積的錢，他投資了一套學區房，現在已經升值了好幾倍；股票的話，鄭陽只是偶爾會投幾股，但都是生活中的「閒錢」，而且數目不大。

周圍很多同事都羨慕他，因為他們大多背負著房貸、車貸，聽說還有人在買賣股票的時候虧損了不少。鄭陽常常把自己的生活方式分享給他們，同事們聽後收穫頗多。

案例中，鄭陽並非大富大貴，他與大多數中產階級的經濟狀況一樣，只是他選擇的生活方式不同。他沒有盲目地追求買新房、購新車、不顧一切地給孩子最好的環境，而是降低對生活品質的要求，同時注重從小對孩子的培養，這在無形之中就降低了自己生活的壓力。在對待投資上，他可以在抓穩機會的同時懂得節制，這樣一來，就得到了長久的收益。

對機遇的把握固然重要，但是在此之前一定要對自身的經濟能力有一個清晰的認知，任何時候，沒有資本的致富都是紙上談兵。在投機經濟中，量力而行是自始至終不能改變的原則，也是一切蛻變的前提。

威脅到家庭未來的金錢焦慮症

在經濟快速發展的時代下，衍生出這樣一群人，他們自認為收入比別人低、生活條件比別人差，每天以滿面愁容去面對生活。如果非要替這種態度定義一個名字，那就是金錢焦慮症。從古至今，不分種族、不分年齡、不分地域，不同程度的貧富差距一直存在著。但隨著網路的普及，生活節奏加快的同時，也加大了人們對生活的憂慮。在一個家庭中，如果家庭成員被這種金錢焦慮症困擾，對於夫妻、孩子都有著極大的影響。

小娜畢業兩年多了，上學時不好好讀書，到了工作職位上也馬馬虎虎、應付了事，以這種態度工作，薪資自然只能落在溫飽線上。每次逛街看到心儀的物品，再想想口袋裡的錢，她都不由得嘆起氣來，回到宿舍不是打電話跟媽媽抱怨，就是蒙著被子自怨自艾。工作不認真，薪資一直上不去，漸漸地，她就覺得自己生活艱難，活得太累。

工作三年，她一分存款也沒有，工作不見絲毫起色。過年同學聚會，看到同一起跑點上同學的現狀，小娜更生氣了。同學之中有的已經升為經理，薪資是自己的三倍；有的已經當了父母，日子過得順風順水；有的則獨立創業，小有起色。再看自己，一無所有、一事無成、一貧如洗，這幾個詞形容自己真是太貼切了。同學會後，小娜一病不起，媽媽和她說什麼，她都不感興趣，唯獨提到錢，小娜憤憤不平，覺得全世界都對不起自己。

案例中，小娜是典型的金錢焦慮症，因為收入低，消費欲望沒有得到滿足，逐漸產生憂慮、憤怒的情緒，覺得身邊的很多事情都令人發愁。和同學對比，看到差距後，更是無休止地抱怨，覺得自己受到的待遇都不公平。

金錢焦慮症並不是心理問題，而是一種充滿負能量的生活狀態。因為人們每天擔心自己的錢不夠花，慢慢滋生出負面情緒，日復一日，年復一年，任由這種心態蔓延，會讓生活品質每況愈下。

◆金錢焦慮症會破壞全家的幸福

當一個人覺得錢不夠花，便對現狀產生一定的憂慮，長期處於愁悶、抱怨、自卑的狀況下時，他的低落情緒會如同病毒一樣傳染給家裡的其他成員，使家人也受到影響。所以，一個人的金錢焦慮症會慢慢毀掉全家的幸福。

曉茹和老公結婚後，日子過得瀟灑自在。兩人的薪資加起來十幾萬，吃喝不用精打細算，一年旅遊幾次，可以盡情消遣，沒有任何負擔和壓力，生活過得很是愜意。

時間長了，家裡老人一直催著生孩子，曉茹和老公想著年齡也都不小了，就在第二年生了寶寶。寶寶出生半年後，曉茹就像變了個人似的，完全沒有了之前的陽光笑臉，整天都陰沉著臉。曉茹因為要照顧孩子，就辭掉了工作，沒了收入。眼看著孩子要用到的東西越來越多，開銷直線上漲，老公賺的薪資根本不夠花。曉茹漸漸開始抱怨老公賺得少，擔心家裡的錢不夠花，顧慮孩子吃的、用的不如別人家的孩子。剛開始曉茹的老公還時不時地安慰曉茹說：「慢慢就會好的，老公多加點班，錢就夠花了。」可日子長了，根本沒有什麼效果，曉茹抱怨得越來越厲害，老公都不愛回家了。一天，曉茹的媽媽來看孩子時發現，孩子這麼小怎麼就唉聲嘆氣的？孩子外婆一句話點醒了站在一旁的曉茹的老公，他這才意識到問題的嚴重性。

案例中，曉茹有了寶寶後，看著開銷與日俱增，卻唯獨不見老公的薪資上漲，這讓曉茹陷入了一片惆悵與哀思中。老公上班忙了一天，累了一天，回來還要聽曉茹的抱怨，慢慢也就不愛回家了；寶寶和曉茹整天在一起，媽媽每天的滿面愁容很快就傳染給了寶寶。很明顯，曉茹一人處於對金錢憂慮的狀態下，家裡的氛圍也緊張了起來。

缺錢、少錢是每個家庭常見的狀況，如果家長一度處於愁悶、抱怨、自卑的狀態下，就會慢慢進入金錢憂慮的症狀裡面，這對一個家庭來說猶如一枚炸彈，會傷害到身邊的親人、朋友。合格的家長應該及時察覺自身或者孩子是否處於這種狀態，並及時將其扼殺掉。

及時察覺並扼殺金錢焦慮症

為人家長者，應該反思自己的思想、行為，不能因為自己的憂慮和困擾影響家庭氛圍，擾亂孩子的正常生活。

婷婷讀高二了，孩子在這個階段時，家長都會格外緊張，婷婷媽媽也不例外。自從婷婷上高中起，婷婷媽媽就辭職在家專門照顧婷婷。

有時看婷婷玩手機不認真讀書，有時婷婷沒有考出好成績，媽媽都不免要囉唆幾句，比如：誰家的孩子好，上了好大學，畢業現在賺多少錢；以婷婷現在的成績去找工作，以後賺的錢都不夠養活自己；為了照顧婷婷，媽媽都辭職沒有收入了等等。這些嘮叨在媽媽看來是為鼓勵婷婷好好讀書，然而婷婷每次聽完這些都要和媽媽爭執一番。

細心的爸爸察覺到婷婷最近的狀態很差，經常唉聲嘆氣：「我覺得同學都比我有錢，我也覺得我以後賺不到錢，沒有未來了。」

這不禁讓爸爸想起，前段時間同事們在討論的金錢焦慮症。爸爸在確定了婷婷的症狀後，立刻到網路上仔細查閱了相關的解決方案。回家後，他首先教育了妻子，讓妻子改變以往總是把沒錢這些話掛在嘴上的習慣；在婷婷面前，他們兩人也不再吵架，不說沒錢、賺錢的事情，特意說一些正面、陽光的事情，盡量緩和婷婷在金錢上的壓力。漸漸地，婷婷感受到家裡氛圍的溫馨與融洽，緊張的心情舒緩了下來。沒過多久，三人在一起吃飯時，爸爸開了一個玩笑：「今天終於見到婷婷久違的笑臉了。」

案例中，媽媽的苦口婆心對婷婷來說就是壓力，聽了媽媽的話，婷婷開始認為錢很難賺，家裡沒錢，自己也不會賺錢，所以自己越想越害怕，陷入自卑的泥潭。幸運的是，婷婷有一個細心的爸爸，不僅及早地察覺到了婷婷的問題，還解決了問題。終於在爸爸媽媽的共同努力下，婷婷走出了金錢焦慮症的陰霾，對生活又重新燃起希望，家裡也恢復了以往的溫暖。

當家裡的一員處於「金錢憂慮」狀態時，如果任由他在這種情緒中徘徊，不光是他自己，就連整個家庭都會受到影響。作為親人，應該及時提醒他，並幫助他走出困境，重建美好未來。

追根究底，金錢焦慮症的病因就是沒錢，要走出困境最好的辦法就是讓自己的錢變多。研究表明，提高收入能夠增強自尊，如果短時間內收入不能成長，為了親愛的家人，為了家庭的和諧安定，就要先調整好自己的心態。

父母要教授孩子正確的經濟觀

「爸爸，你買個玩具飛機給我吧！」

「不行，家裡沒錢，讓你上學都不容易呢，還要這要那。」

「媽媽，我要這個，還有那個，這幾個玩具我也想要！」

「好，這些通通都要了。」

爸爸媽媽的回答孩子滿意嗎？如果孩子滿意了，這樣的回答會為孩子樹立正確的經濟觀嗎？在孩子成長的道路上，家長越早地替孩子普及經濟方面的知識，對孩子樹立正確的經濟觀越有裨益。

欣欣高中畢業就出國讀書，過年回家的時候，她和爸爸一起出去買東西。爸爸還像往常一樣帶欣欣來到超市，說：「女兒啊，看你想吃什麼，爸爸都買給你，不用看價錢，爸爸有好多錢呢。」換作以往，欣欣聽到爸爸的這番話一定會大買一頓，可是去國外上了半年學的欣欣不一樣了，她說：「不，爸爸，不論我們有錢沒錢都不能這樣花錢，花錢應該有計畫，不能看心情亂花，無計畫地消費是存不住錢的。」爸爸聽後，大笑了起來說：「好女兒，知道存錢了，學沒白上。」

回到家後，欣欣看到媽媽在試新衣服，但穿上之後卻不合身，媽媽說：「沒關係，反正打折沒多少錢，便宜。」欣欣聽了，對媽媽說：「媽媽，花錢要花得有效果，這件衣服便宜，那條褲子便宜，買了之後卻都扔掉，不就等於把錢扔了嗎？那還不如買件品質好的衣服。」媽媽聽後，也和爸爸一樣，大笑說：「我女兒有進步了，知道怎麼花錢了。」

吃飯時，爸爸媽媽還是心有不服，就對欣欣說：「孩子長大了，知道教育爸爸媽媽了。」欣欣聽完，正經地念了爸爸媽媽：「爸爸媽媽，小時候你們只知道讓我讀書，在金錢方面從來不教我，我剛出國那時候，同班、同宿舍的同學都笑我不會花錢，笑我亂花錢，不知道存錢。我的很多同學都有自己的房產、保險，其中還有很多是理財高手。」

再一細問，原來國外的家長在孩子很小的時候就會教育孩子金錢觀，可以幫助孩子早日實現經濟獨立。爸爸媽媽聽後，對這種教育方式很讚許，也不由得反思自己的教育漏洞。

案例中，欣欣出國後接觸到的朋友都已經早早地經濟獨立了，而自己還沉溺在爸爸媽媽的寵愛中。欣欣雖然成年了，但是連對金錢最基本的掌控能力都沒有。

在人們長久的觀念中，對於孩子的管教只限於成績好，這也就導致了孩子對金錢概念的模糊，從而出現不會花錢、亂花錢的現象。長大以後，也極有可能陷入經濟危機中。

勤儉節約的好習慣不可丟

勤儉節約在當今社會似乎被大多數人弱化了，家長對於孩子只知一味地寵愛，或是只要孩子成績好，其他條件都可以滿足。孩子吃飯吃不乾淨、花錢大手筆，家長只是馬馬虎虎地說兩句，殊不知，這樣是在變相縱容孩子浪費。

俗語說「不當家不知柴米貴」。為了讓小勤早早在以後的生活中養成勤儉節約的好習慣，平時煮飯、洗碗、買菜，媽媽都會帶著小勤一起做，偶爾媽媽也會跟小勤說一些生活的艱辛，讓孩子體會到賺錢不易，要知道節儉。

每次小勤碗裡有剩飯時，媽媽都會說：「浪費是可恥的。」一次，看到同學正要扔掉碗裡的飯菜時，小勤上前一步說：「我們應該能吃多少盛多少，浪費是不對的。」

不僅如此，媽媽還經常帶小勤去物質貧乏的地區體驗生活，與當地人一同吃住，了解他們的生活。每次回來後，小勤的小心靈就好像被重重撞擊了一下，媽媽也會跟小勤分享她的感受。每次體驗生活回來，小勤都加倍珍惜爸爸媽媽給她的相對富裕的生活。

案例中，當小勤見到同學要丟掉剩飯時，脫口而出的阻攔直接證明了家長的有效教育。媽媽幫助小勤養成勤儉節約的習慣，將會讓小勤終身受用。這不僅讓她知道體恤家長的付出，同時也讓她更珍惜當下的生活。

家長應該讓孩子樹立「節約光榮，浪費可恥」的意識，幫助孩子養成勤儉節約的好習慣，讓孩子知道金錢來之不易，是要透過勞動才能換取的。

孩子處在心智不成熟的階段，對如何管理金錢沒有基本概念，只知道亂消費，這些問題如果不及時糾正將會影響孩子的一生。所以，家長幫助孩子樹立正確的經濟觀，重拾勤儉節約的美德很有必要。

讓孩子接觸錢，並學會花錢

會花錢從來都不是一件簡單的事，它並不是隨便地把錢花掉，而是直接和一個人的生活態度、自律性、審美情趣緊密相連。最好的家長，不是最能付出的家長，而是懂得教會孩子如何花錢，如何生活的家長。

嬌嬌家庭條件非常好，爸爸媽媽怕孩子用金錢交朋友，也擔心嬌嬌有過多的錢會亂買東西，所以在嬌嬌上高中後，媽媽只給她一日三餐的錢，其餘要用、要買的東西媽媽都替她包辦。

一天，老師打電話給媽媽問：「同學們約了週日一起去吃飯，可嬌嬌說她沒有錢就不去了。班級的團體活動怎麼能不參加呢？」老師還對媽媽說：「孩子長大了，有自己的世界，她總有會用到錢的時候，你不能這樣做。」媽媽不以為然，反駁說：「嬌嬌現在上高中忙讀書，沒有時間花錢，她只要安心讀書就好了，其他的事我都可以幫她搞定。」聽媽媽這樣說，老師嘆了口氣道：「你這樣會害了孩子。」便掛掉了電話。

很多家長都存在這樣的問題，他們嚴格地控制著孩子的花費，固執地認為孩子多花錢就是浪費，殊不知這樣會帶給孩子極大的精神傷害。長久下來，孩子會認為家長不夠愛自己。

如果不讓孩子具備一定的花錢能力，會把孩子排斥在真正的生活之外，讓孩子缺乏自我管理能力。其實，會花錢也是一種本領，很多家長卻把孩子的這種本領扼殺在搖籃之中，讓孩子感受不到生活的樂趣。

培養孩子需要從生活中的點點滴滴入手，糾正孩子的日常消費行為，引導其做相應的家庭理財，懂得勤儉節約，使孩子從具體操作中體會經濟功能。讓孩子掌握消費規範與投資理財知識，養成勤儉節約、崇尚勞動、熱愛生活的傳統美德。

第四章 勤儉智慧：學會合理取用

杜絕揮霍，讓孩子知道珍惜

從某種意義上講，孩子是家長的一切，為了孩子的未來和幸福，家長會毫無怨言地付出。然而為人子女，在接受家長無條件付出的時候，有些人非但未曾感恩，反而把家長辛苦賺來的血汗錢盡情揮霍。

王小貝出身鄉下，從兒時起便見慣了農民的艱辛，也目睹了爸爸媽媽每日為養育兒女付出的辛勞，所以她下定決心要走出鄉下。

透過不斷的努力，王小貝終於實現了夢想。她在都市定居，與丈夫相戀三年後，終於步入婚姻的殿堂。兩人的家裡雖然都沒什麼錢，但是一起為了生活打拚，一起揮汗一起笑，也很幸福。對於兒子，夫妻二人更是當作心頭肉一般。

從兒子幼稚園時期一直到高中，讀的都是數一數二的學校。為了讓兒子能讀上資優班，二人沒少找熟人、靠關係，光兒子的學費、補習費等等有關讀書的開銷就占了這個小家庭開銷的一半。但是對於這方面，兩人從未在意，因為他們認為，教育對一個人的成就是最有作用的。正因如此，他們覺得只要孩子可以在好學校、好班級，他們就算再辛苦也不怕，畢竟，他們把最大的希望都寄託在了孩子身上。

但是前陣子，班導聯絡到了王小貝，並請她到學校面談孩子上學的問題。原來，她兒子在學校不僅沒有用功讀書，還擾亂學校秩序——他經常逃課，從來不按時完成作業；與其他班的女同學交往有早戀傾向；在校外結交了一些「哥兒們」，還曾經因為與其他學生發生口角就請他們過來「幫忙」。更為過分的是，前幾天考試當中因為作弊被巡考老師責罵之後，他竟然公然頂撞老師，甚至就要與老師動手。班導之前就不止一次地要聯絡王小貝，可是她兒子給的家庭聯絡方式是假的，若不是這次事態嚴重，兒子恐怕不會將夫妻二人的聯絡方式告訴老師。

聽著老師一樁樁、一件件地敘述孩子在學校裡的惡劣行跡，王小貝只覺得一陣眩暈。自己和丈夫沒日沒夜地操勞，為兒子創造條件，雖然不求兒子現在就體諒他們，可萬萬沒想到竟然落得今天這步田地。這樣想著，淚水不自覺地就流了下來，看著眼前的兒子，她越發覺得陌生，自己究竟錯在哪了？如何才能打破現在的僵局？

案例中，王小貝夫婦二人不辭辛勞也要把孩子送進好學校、資優班讀書，就是希望為他的美好未來鋪陳基石。結果不懂事的兒子不僅沒有體會到爸爸媽媽的良苦用心，反而在學校行事放肆且變本加厲。他這樣做不僅辜負了父母的期望和努力，還一步步葬送了自己的人生前途。

古人因「身體髮膚，受之父母」而終生蓄髮，將落髮視為落頭。而今，多少兒女忽略家長為自己付出的努力而沉迷於浪費青春和揮霍錢財，不知傷透了多少家長對他們的一片苦心。珍惜家長的每一分血汗錢，讓他們流的汗水更加有意義，這是每一名子女應盡的義務。

莫讓父母的辛勞付諸東流

養兒育女，永遠是父母心中的第一重任，為此多少父母含辛茹苦。然而，又有多少人接受父母的恩惠卻不自知，顧自放浪形骸而辜負了父母的一片苦心。

李茂來自一個普通的家庭，爸爸媽媽沒日沒夜地工作，就是為了提供他一切可以提供的物質條件，只求他能出人頭地。最終，他不負眾望，成功考入了一所好大學。

到了大學，學業不再如高中一般緊張，學習任務的驟減和自由安排的時間讓李茂開心得不能自已，不知不覺間，他就放鬆了對自己的管理。他開始逃課，將讀書時間壓榨得幾乎為零；結交了一群每日流連於網咖和夜店的朋友，成績一落千丈。兩年下來，李茂不及格的科目一頁A4紙都記錄不完，而且他還因為考試作弊被通報。剛開始的時候，他也曾為此感到緊張，但後來被當掉越來越多，他也就變得麻木了。

終於，學校寄了退學警告通知單到他家。看著一頁頁鮮紅的數字，媽媽因為雙手顫抖而無法拿穩通知單，她不知所措。自己和丈夫的努力怎麼能換來兒子如此不負責任的回報呢？於是一氣之下病倒了。匆忙趕回家中的李茂見到病床上的母親如此虛弱，眼淚止不住地流了下來，他想起了爸爸媽媽這麼多年為自己的努力付出；想到了自己讀書期間的放任自流；甚至他都能想像到接到通知單的父母是如何絕望。他跪在母親的病床前，細數著自己的諸多不是，並表示一定痛改前非。

回到學校的李茂不再逃課、不再貪玩、不再夜不歸宿。他每天按時上課與自習，幾乎都是學到圖書館關門再回寢室。畢業之前，他補考了自己所有不及格的科目，並且透過努力，成功簽約了一家大企業。當他打電話告訴家中這一喜訊時，聽到爸爸媽媽激動的聲音，淚水再次奔湧而出：「爸媽你們放心，曾經的我迷失過一次，但我既然能糾正自己，就表示我已經吸取了教訓，日後再不會讓您們失望了。」

案例中，李茂在邁入大學之後，因為放縱自己導致被學校寄發退學警告通知單。當他看到曾經心中堅強不屈的父母因為自己的過錯而傷心，甚至是病倒時，他的心顫抖了、後悔了，他決定重新來過。皇天不負苦心人，最終他憑藉著自己的信念與堅持完成了自我救贖，總算沒有讓父母的心血白白耗費。

迷途知返，為時未晚，若能真心悔過，也算是沒有辜負父母的不辭辛勞。

顧本克己，不負丹心

面對默默付出的家長，身為子女或許只有打拚爭勝，才能讓他們欣慰於自己對孩子的付出，這才是孝道之本。

劉剛家在鄉下，從小就經歷了貧困的苦日子，這讓他下決心走出家鄉，脫離貧困，以報答父母的養育之恩。父母為了劉剛的前途起早貪黑，生怕因為經濟原因阻礙了孩子實現夢想。

劉剛從小就很懂事，幾乎不會向父母伸手要錢，零食、玩具等東西似乎從來就不屬於他，他也從未追求過這些。上了大學，他自學了修圖、插畫等電腦技術，並利用閒暇時間接了一些單子，賺取一些生活費。一開始，劉剛只是接幾單小生意，隨著技術越發成熟，他的生意越做越大，現在他已經有了自己的合作夥伴，幾個人合作起來效率更高，利潤更加豐厚。劉剛現在已經不再向家中要錢了，因為他的生活費和學費都已經透過自己的雙手賺了出來。

上個月，他還抽空寄了幾千元到家裡。爸爸媽媽看到兒子寄回來的錢，打電話了解情況之後，流下了欣慰與感動的淚水，自己的兒子沒有辜負他們的努力和期望，長大了、出息了，他的前途一定一片光明。

案例中，劉剛經歷了兒時貧困的日子後，沒有抱怨，也沒有自暴自棄，他看到了父母在艱苦條件下為了自己的未來仍不辭辛勞地忙碌，他想要報答他們。後來，他透過自學技術賺取酬金，發展起來之後，已經可以在自給自足的同時為家庭分憂，讓父母十分欣慰。

家長縱使勞累，一想到身後的孩子，一切便成浮雲。孩子應該珍惜家長的每一分耕耘，方才無愧於天地，盡報養育之恩。

愛浪費的孩子不是好孩子

勤儉節約是中華民族的傳統美德，從小培養孩子勤儉節約的好品行，將會讓孩子終身受益。

培養孩子勤儉節約的好習慣要從家長做起，不同的生活環境造就了孩子不同的生活習慣。家長平時注意節儉、不浪費，就會感染到孩子，無須過多的口頭教育，孩子就已經知道節儉，不浪費。相反，在日常生活中，家長奢侈浪費，費多少口舌教育孩子勤儉持家也是徒勞，效果甚微。

明月的爸爸媽媽要經常出差，不得已把孩子留在奶奶身邊照顧。都說「隔輩親」，奶奶對明月也是倍加喜愛，但每次看到明月碗裡的剩飯，或是文具用品還沒用完就扔掉時，奶奶總會聲色俱厲地責罵明月。久而久之，在奶奶的教導下，明月每次吃完飯，總會舉著吃乾淨的碗給奶奶看，奶奶都會露出滿意的笑容。

一天，爸爸媽媽回來帶著明月出去吃飯，點了好多明月愛吃的東西，明月還是一如既往地吃光了碗裡的飯。當爸爸起身要走時，明月攔住爸爸說：「爸爸，你碗裡還有飯，奶奶說，剩飯的孩子不乖，我們不能浪費一粒糧食。」聽了明月的話，爸爸趕忙道歉說：「明月說得對，爸爸以後再也不剩飯了。」說罷，便吃光了碗裡的剩飯。

案例中，明月在奶奶的教育下，知道勤儉節約的孩子才是一個好孩子，逐漸養成了勤儉的好習慣。當看到爸爸碗裡有剩飯時，明月意識到爸爸是在浪費，便學著奶奶的語氣，責罵了爸爸。對於孩子勤儉節約的教育，家長要以身作則，從身邊的小事做起。當孩子有節儉意識時，自身的浪費行為就會得到修正。

俗話說，「由儉入奢易，由奢入儉難」。家長在孩子小的時候就要開始「立規矩」，從日常生活中的小事做起，幫助孩子樹立勤儉節約的意識，如果等到孩子的浪費習慣已經養成，再改就難了。

送給孩子一個舊物收藏箱

家長想培養孩子勤儉節約的習慣，方法是多種多樣的。比如，讓孩子用勞動來賺零用錢；讓孩子到貧困地區體驗生活；讓孩子看到祖先的艱辛生活等。爸爸媽媽也可以為孩子準備一個舊物收藏箱，既收藏了孩子的回憶，也養成了孩子不浪費的好習慣。

八歲那年，爸爸送給全全一個超大且精緻的收藏箱，取名為「全全寶盒」。爸爸告訴全全：「如果你以後有暫時用不到的物品，或是扔了覺得可惜的玩具，都能放到寶盒中。」全全慢慢長大了，寶盒裡面都快塞不下了。

一天，全全問爸爸：「爸爸，這個寶盒怎麼發揮它的功能呢？」爸爸哈哈大笑了起來，拉著全全的小手來到寶盒前說：「今天爸爸就讓你見識下它的功能。」說著，兩人開始收拾寶盒了，當爸爸把裡面的東西都倒出來時，全全眼睛瞪大，彷彿看見了什麼新鮮東西。父女倆邊收拾，邊說著每件東西曾帶來的美好時光。轉眼，東西排好了，全全從裡面掏出來不少現在用得到的物品。「剩下的怎麼辦呀？」全全不解地問。爸爸一副早有準備的樣子說：「爸爸會以你的名義捐給貧困山區的孩子，這些東西都能再利用，那些孩子一定用得上。」全全高興地跳了起來說：「我要把爸爸的好主意告訴我的同學，讓大家一起勤儉起來。」

案例中，爸爸因為給了全全這個寶盒，才讓全全學習勤儉這個枯燥無味的過程，變得有趣起來。這個寶盒把全全用過的、感到厭煩的、不想扔掉的東西都保存起來，隨著時間的流逝，這些東西舊物再用，或者捐給有需要的小朋友，讓它們發揮了最大的利用價值。

一個小小的收藏箱就解決了孩子浪費的問題，只要家長用心，孩子的勤儉習慣是很容易培養的。如果家長自身不注意，在孩子面前揮霍、揮金如土、揮霍浪費，也就不要希望孩子能勤儉節約了。

不要與浪費結緣

「歷覽前賢國與家，成由勤儉破由奢」，意思是勤儉節約意味著成功，奢侈浮誇意味著失敗。

都說女兒要富養，甜甜從小就被爸爸媽媽嬌生慣養著，甜甜要什麼，爸爸媽媽都會滿足她。有時和媽媽去逛街，甜甜正吃著冰淇淋，但是看到漢堡，直接就把冰淇淋丟了，要媽媽買漢堡給自己。這時，媽媽也不會反對，只是去買漢堡給她。甜甜雖然在上小學，但是手機都不知換了多少個了，她只要當下最新款的手機，有時手機不小心掉地上，也會被甜甜無情地「拋棄」。一路在爸爸媽媽聽之任之的培養下，甜甜的大腦裡完全沒有節儉二字，只知道不斷地花錢買東西，不管現在用的東西壞了沒，還能不能用。

一次，媽媽帶著甜甜去同事家聊天，同事為此特意做了幾道菜歡迎他們。開飯了，甜甜吃了幾口覺得不好吃，就習慣性地把飯菜都倒掉了。同事的女兒比甜甜小很多，對甜甜說：「姐姐，你這是浪費，我們應該珍惜糧食。」聽著小朋友的指責，甜甜很氣惱地說：「我爸媽都不管我，要你管。」聽甜甜這樣說，媽媽很羞愧。

回家躺在床上，媽媽一方面感到自己在同事家很沒有面子，一方面不由得為甜甜焦慮起來。媽媽很懊悔當初沒有把甜甜教育好，同事家的小孩子都知道要珍惜糧食，不能浪費，甜甜卻只知道揮霍。

案例中，在爸爸媽媽放縱中長大的甜甜，既不知道勤儉節約，也不知道感恩。小朋友指責她倒飯浪費時，甜甜還滿臉的不服。當甜甜有這種行為時，媽媽沒有去制止，也沒有去教導，就相當於默許了甜甜的錯誤，導致後來甜甜浪費成性。

「富由儉中來」，孩子從小就丟掉了勤儉的好品德，長大之後的品行也就岌岌可危。孩子在任性、無度的消費中體察不到家長、親人、朋友的艱辛付出，自然不懂得感恩。丟棄了勤儉，與浪費結緣的孩子長大後在工作與生活上也只知道自私地索取，而不懂得奉獻。

一粥一飯，當思來處不易；半絲半縷，恆念物力維艱。養成勤儉節約的好習慣不僅僅是一種美德，更是一種精神。不論人們身處哪個時代，是哪個年齡層，貧窮或是富有，都不該忘記勤儉節約。

不要放棄對孩子的「窮養」

所有家長將孩子視為心頭肉、掌中寶，對孩子始終如一的付出自然不必細說。大多數家長的想法都是盡自己最大的努力為孩子提供一個優越的成長環境，讓孩子盡量享受到所有優秀的資源，最好是除了如何好好讀書之外，孩子無須考慮任何其他事情。

出於對孩子的溺愛，很多家長在孩子成長環境上的想法難免過於片面。他們認為孩子到了優越的環境下可以無憂無慮地生活，可以專心致志地讀書，卻忽略了安逸的環境可能導致孩子慢慢產生懶惰心理。同時，長期處於家長的保護下，孩子的心理承受能力比較弱，不利於面對並克服日後可能出現的困難。他們只注意到了艱苦環境下孩子為適應環境需要付出的努力，無法度過難關後會對孩子造成的心理打擊，卻忽略了孩子在歷經磨練後練就的堅韌心智，忽略了孩子可以從突破困境中獲得的成就感。即便在物質條件日益豐厚的今天，孩子的成長之路也不該在家長的庇護下一帆風順，適當「窮養」孩子，讓他擁有一顆強大的內心和超高的個人素養。

✦別讓你的驕縱造成孩子日後的脆弱與慵懶

一些家長過分溺愛孩子，什麼事情都捨不得讓孩子自己解決，成長路上的任何磨礪都不忍心讓孩子去經歷，恨不得用自己的力量將孩子的餘生都安排妥當。在這種無憂無慮的環境下成長起來的孩子，在充分享受了兒時的快樂之後，擺在他們面前的是日益激烈的競爭和社會壓力。他們之後會不知所措，最終被生活輕而易舉地壓垮，到了那時，家長就算再怎麼後悔，在殘酷的現實面前終將於事無補。

薇薇在人生的前二十幾年裡，過得可謂一帆風順。薇薇的爸爸媽媽都是企業高層，家裡的經濟條件比較優越，夫妻二人幾乎將全部心血都投入到了照顧薇薇上，對她更是溺愛得不得了。

薇薇從小就過著「衣來伸手，飯來張口」的生活，幾乎沒有任何事情需要她操心，她只負責讀書和玩耍。從小學到國中再到高中，爸爸媽媽都是透過關係把她送到好學校的資優班，希望她可以踏踏實實地讀書，將來成就一番事業。爸爸更是很直接地告訴她：「寶貝，你就負責把成績升上去，其他方面有任何需求和爸爸開口就好。」就這樣，除了讀書和娛樂，薇薇的生活幾乎沒有其他事情存在。

薇薇的小學班導就曾不止一次和她的爸爸媽媽談論過薇薇。老師說，雖然薇薇成績一直不錯，但是透過觀察生活上的細節，她發現薇薇自己動手的能力太弱了，連削鉛筆這種小事還需要同學的幫助，希望這可以引起薇薇爸爸媽媽的重視。但她爸爸媽媽只是嘴上答應著，回到家中未曾對薇薇提過隻言片語。高中的時候，有一陣子薇薇的身體抱恙，爸爸直接向學校請了幾個月的假。待病情好轉後，薇薇也沒有去上學，而是旅遊去了。回來後，爸爸替她請了各個學科的私人教師，為薇薇補習，若非班導催促薇薇回校，這種情況怕是要持續到學測。

前年，薇薇離開了大學，正式步入社會。薇薇的爸爸不忍心看薇薇面試四處碰壁，也擔心孩子找不到好工作，便繼續找人幫忙替孩子安排了一份穩定的工作。沒做幾天，薇薇就覺得索然無味，和爸爸媽媽說完後便辭職了。沒辦法，他們只得為女兒找其他差事，誰知仍然不合女兒的胃口。就這樣經歷了幾次離職之後，薇薇決定自己去找工作。哪知道，走到哪裡都沒有人錄用她，面試時候的答非所問和幾乎為零的臨場應變能力使得拿著一張漂亮履歷的薇薇就是沒有辦法突出重圍。

現在，薇薇每天在家過著「吃完睡，睡完吃」的生活，爸爸媽媽希望她可以「調整狀態」，可是薇薇似乎已經意識到自己就是因為沒有足夠的能力，所以走到哪裡都要被淘汰，她不再嚮往那種無憂無慮的生活，甚至有些厭煩過去的自己……

案例中，薇薇的爸爸媽媽想以自己的力量安排女兒的人生，給她最舒適的生活。可是社會在發展，人類在進步，沒有什麼東西是一成不變的，相信就算薇薇不從公司辭職，那麼較低的個人素養也會使她日後的工作舉步維艱。

家長對孩子的愛要掌握好尺度，不能全面覆蓋孩子的生活，如此驕縱之下，孩子注定在成長路上一無所獲。當孩子的生活擴大到家長的力量難以覆蓋時，雙方都將陷入絕望，之後惋惜、悔恨都是無法解決問題的。

◆艱難困苦，玉汝於成

每一個孩子都有自己的成長之路要走，路上縱使荊棘叢生，也不該由家長披荊斬棘。

相較於被家長一路呵護而來的孩子，經歷過越多苦難成長起來的孩子，就具備越強大的個人素養，在當今社會越發殘酷的競爭當中，就越容易脫穎而出。學會給孩子一個挑戰自我的機會，不要讓他們成為禁不起風吹雨淋的「溫室花朵」。

孫強經營著一家規模不小的中型企業，公司盈利年復一年地成長，前景一片光明。他的兒子今年要大學畢業了，簽了一家知名的跨國貿易公司，孫強考慮磨練他一段時間，然後再考慮接班的問題，當然一切也要看孩子自己的意願。

提起自己的兒子，孫強就掩飾不住地驕傲，不僅是因為兒子優秀的個人能力，更是因為其堅韌的心智。孫強的創業之路始於白手起家，他從身無分文到如今身家幾億，全憑藉自己一身不服輸的精神。所以在兒子年紀還小的時候，他就決定讓孩子早早接觸生活中的挫折與磨練。為此，雖然妻子工作也很忙碌，但是他堅決不請保姆，讓兒子自己負責力所能及的家務。生活上，除了每週固定金額的零用錢之外，他堅決不多給兒子一分錢；兒子的日常用品也都是大眾品牌，沒有特立獨行。在課餘閒暇時，孫強還會和妻子抽空帶兒子出門散心，他們不會去遊樂園之類的地方，而是帶著兒子去登山、去郊遊等。

長期堅持的效果無疑是顯著的，兒子擁有了自立自強的品格，無論是學習上遇到不會的問題，還是生活中被難以解決的困難阻礙，他的第一想法都是透過自己的冷靜思考尋求方法和出路，而大多數同齡人一般只會尋求爸爸媽媽的幫助。

兒子前不久還對孫強講過，自己想在年輕時多出去闖蕩闖蕩，所以不希望去公司就職。於是，他去應徵了一家比較看好的跨國公司，父親對其大加讚賞，並表示支持孩子的決定。

案例中，孫強教育孩子的方式值得家長學習。孫強是愛兒子的，但是他沒有因為自己對孩子的愛就溺愛孩子，而是選擇讓孩子獨立成長。

對孩子的愛不是家長對孩子百依百順的藉口，優越的家庭條件更不可能成為家長為孩子提供自立自強成長環境的阻礙。真正的愛是信任，不是束縛，給孩子一片更廣闊的天空而非襁褓，讓孩子憑藉自己的能力盡情翱翔。

告訴孩子：要節儉，但不可以吝嗇

節儉是一種良好的生活習慣，是值得每個人學習和傳承的優良美德。但如果不懂得掌握節儉生活的深淺，而是盲目追求減少一切開銷，雖然可以省下很多錢，但失去的往往是與節省下來的錢無法相提並論的東西。

小段工作已經快十年了，職場上的他工作兢兢業業，很有上進心，經常為了抓緊完成專案而加班；生活中他也有一眾好友，其中很多都是同事，閒暇時經常聚到一起休閒娛樂。別看現在的小段「左右逢源」，曾經的他也是被大家疏遠的人，這是怎麼回事呢？

原來，剛畢業工作那時候，小段是個特別愛斤斤計較的人，他的「摳門」在整個部門和交際圈都十分有名，認識他的人都叫他「鐵公雞」。小段的家庭條件並不是多麼好，從小就過著節衣縮食的日子，長期這樣的生活練就了他一身節約開支的本事，當然無形當中也使他變得越發小氣。在剛工作的那幾年，小段為了盡可能地多存些錢，不僅將自己生活上的開銷降到了最低，還不放過任何貪小便宜的機會——有事沒事就去同事那騙吃騙喝、團體活動只要是需要自己花錢的都找藉口推脫、公共的日常用品一到需要更換就躲避一陣……這樣一樁樁、一件件的瑣事雖然讓他省下了錢，但也都或多或少地被同事們看在眼裡。大家剛開始的時候也沒有多想，但是久而久之，就慢慢疏遠了他，無論是工作上還是生活中，願意和他交流的人越來越少，到最後，小段覺得全世界都拋棄了自己。

終於，小段意識到自己的生活方式存在巨大的問題，他覺得為了那些蠅頭小利而讓自己被其他同事嫌棄是一種很不明智的做法，就算能獲得收益，可代價是要孤獨到連一個能說話的人都沒有，那也是他無法承受的。於是，他決定改變。他開始主動找同事交流，週末經常和同組的人約飯，遇到工作績效好、拿到獎金的時候，還會請他們吃大餐。同事們開始對小段這種翻天覆地的態度半信半疑，但是經過了一段時間之後，大家發現小段是真心地想和大家繼續和睦相處。於是也就放下了之前的芥蒂，將他納入了交友圈。

案例中，小段在意識到擁有更多的朋友比透過一毛不拔的生活獲得利益更重要之後，他毅然決然地放棄了之前的吝嗇生活，轉身投入到同事的生活圈中，完成了自己生活交友的改變。

面對艱難的生活，節約開支固然重要，但不可以唯利是圖，守著財富孤獨終老是每一個人都會拒絕的生活方式。用健康陽光、正向的心態去真誠地對待朋友，朋友才會敞開心扉接納你，否則漫漫長路，留給你的終將是獨自前行。

別因家庭條件忽視了孩子的教育

因為家庭條件並不是十分優越，有些家長在日常生活中會過得十分拮据，這就不可避免地影響到孩子，這種情況下對孩子的正確引導就十分重要。不自覺甚至是刻意地將吝嗇的心理和生活方式傳達給孩子的行為，都是非常愚蠢的，它會讓你的孩子產生自卑心理，同時被其他朋友孤立。

小李夫婦最近幾年的生活十分不如意，他們透過貸款購房之後，家裡的經濟狀況一直徘徊在收支平衡的邊緣，二人只得更加努力地工作和節約開銷來爭取存下更多的錢。妻子在生活上一直是個精打細算的居家能手，這點苦倒也吃得消，二人只是覺得有些對不起兒子。

這天，兒子的班導在期中考後的家長會結束後，單獨找到了小李夫婦，希望可以就孩子近階段的表現與二人聊聊。原來，班導透過近一階段的觀察發現，小李的兒子經常形單影隻，下了課也不和同學玩，只是自己在座位上，這讓老師很擔心孩子是不是有些自閉傾向，所以希望小李夫婦對此事予以重視和關注。

聽了班導的話，夫妻倆都很驚訝，兒子是個活潑開朗的孩子啊，之前總是和朋友一起鬧，朋友也很多，怎麼可能會有自閉傾向呢？二人心情沉重地回到家後，便與兒子進行了這方面的交流，兒子才道清原委。原來，因為生活拮据，兒子多多少少也能感覺得到，所以在零食、玩具方面從未向他們提出任何要求，這就導致他在和朋友一起玩的時候只能玩別人的玩具，一起買零食的時候也都是別的朋友分給他，他沒有什麼能分享給別人的。久而久之，大家都覺得兒子太小氣了，願意和他玩的人越來越少，他自己也就不再想結交新的朋友了。

聽著兒子的敘述，夫妻倆一陣心酸，想到孩子因為家裡經濟狀況不好從來不要什麼零用錢，卻因此失去了周圍的玩伴；想到自己平時忙著補貼家用，根本抽不出一點時間去關心兒子，二人不禁陷入深深的懊悔當中……

案例中，小李夫婦忙於維持生活而忽略了對孩子的教育，讓孩子在拮据的家庭生活的壓力下，不自覺地養成了吝嗇的毛病，失去了周圍的朋友。

家長在艱難維持生計的同時，一定不能忽略對孩子的教育。在家庭生活開支中，孩子需要花費的除了日常所需之外，還要有一些可以讓他自己自由支配的錢，用於自己和朋友的娛樂當中。

✦能省錢，更要會分享

家長除了要教育孩子生活上學會節儉外，還要讓孩子懂得分享。雖然節儉能省下錢財，但是分享可以收穫更多的友誼。前者固然重要，但後者才是人生中何時何地都不可缺失的重要組成部分。

李強生在一個普通家庭，爸爸媽媽每個月的收入除去貼補家用之外就所剩無幾，不過好在一家人相處和睦，過得很幸福。

小時候，李強的爸爸媽媽就教育李強，要懂得節儉才能留住財富，無論是零食還是玩具，李強從來都是只選一份，不會央求爸爸媽媽多買。當然更重要的還是，爸爸媽媽教育他在和朋友一起玩耍時，絕對不能因為吝嗇而捨不得分享，那樣的話大家都會遠離他。因此，李強買了好吃的，會和朋友們一起吃；有了新的玩具，也會拿出來和朋友們一起玩。因為李強的「豪爽」，大家都很喜歡和他玩，無論是鄰里的玩伴還是在學校的同學當中，李強的人緣都是最好的。大人們也都對李強讚不絕口，每次見到李強的爸爸媽媽都十分羨慕他們夫妻倆能教育出這麼優秀的孩子。每到此時，夫妻二人總是一邊謙虛地回應，一邊笑得合不攏嘴。

案例中，雖然李強的家庭條件很一般，但是他的爸爸媽媽在教會他節儉生活的同時，也教會了他與人相處的方式。雖然節儉，但不吝嗇；懂得省錢，也知道錢應該花在哪裡。李強的爸爸媽媽不僅讓他知道了生活的技巧，也讓他學會了處世之道。

貧窮與富貴，都是自己的事情，不會影響與朋友間的相處原則。任何時候，生活上的拮据都不該成為你一毛不拔的理由，處世如此，教育後代亦當如此。

第五章 財商啟蒙：協助孩子建立健康金錢觀

關於財商教育，你了解多少

有句老話說：君子喻於義，小人喻於利。可能是受這句話影響，家長對於孩子的教育更偏向於學習方面，理財這門學問，在大多數家長看來就是賺錢和存錢。

近些年來，隨著理財、金融管理科系的設立，人們逐漸意識到了財商的重要性。以發展的眼光來看，對於智商、情商而言，財商顯得越發高深莫測。知識改變命運，擁有好的財商可以從根本上改變生活品質，對於家長而言，要培養出高財商的孩子，首先自身要有一定的本領，那麼您對財商了解多少呢？

簡而言之，財商是一個人了解金錢和駕馭金錢的能力，是理財的智慧，包含兩層含義：其一是正確了解金錢；其二是正確使用金錢。其核心就是掌錢能力、賺錢能力、財富知識。

✦高財商從如何掌錢開始

當孩子認得錢，能分清面值時，家長可以給他少量的錢，不要讓孩子感到擁有錢是遙不可及的事。

每到過年，胡胡最開心的事就是有壓歲錢拿，那時可算是吃、喝一應俱全。同時胡胡還會偷偷地跑到超市，亂花一頓，因為過不了幾天，媽媽就會把胡胡手裡的壓歲錢沒收了。可是今年奇怪了，元宵節都過完了，媽媽還沒向胡胡要，難道是媽媽忘記了？

過了幾天，媽媽把胡胡叫到身邊說：「兒子，今年的壓歲錢你自己保管吧，但媽媽要和你定下幾條規則喲。」胡胡一聽開心得不得了，連忙點頭答應。

媽媽見狀，便接著說：「一是你每週的標準開銷是一百元；二是每週要核對帳目，如果每週的開銷都能在標準範圍內，下週會漲十元；三是零用錢的百分之二十將用於儲蓄；四是每項支出都必須清楚、確切地記錄；五是未經過爸爸媽媽的同意，你不可以購買商品，並向爸爸媽媽要錢。可以嗎？」

胡胡點頭答應，對於這幾項規則他充滿了好奇，盼著立刻行動起來。同時，胡胡好奇地問媽媽：「媽媽，這些規則是你自己想出來的嗎？」媽媽微微一笑說：「媽媽最近參加了一個關於財商教育的培訓班，媽媽也要好好學習，用科學的方法培養你的財商，讓你長大後能生活得更好。」

相信沒收孩子的壓歲錢是很多家長都做過的事，並且沒收前還會說：「你還小，口袋裡不能有太多錢，有了錢也會隨便花掉，放媽媽這，媽媽幫你存著。」

事實上，這樣做存在很多弊端：首先是會養成孩子花錢就要伸手要錢的習慣，且有了錢立刻就花掉，對消費沒有基本的規劃意識；其次就是剝奪了孩子處理零用錢的權利。孩子的掌錢能力和學走路一樣，並不會一蹴而就，都要一點一點地練習。要是等孩子成年後，一下子把幾萬元轉給孩子，他能控制好嗎？家長應該鍛鍊孩子的掌錢能力，先從讓孩子學會管理零用錢開始。

高財商的重點是能賺到錢

能賺錢是人們生存的基礎，除了孩子應該學會的技能，家長在孩子小的時候就有義務讓孩子了解如何賺錢，並從獲取收入的過程中，了解到財富流轉的規則。

紫萱的爸爸經常到國外出差，與國外的同事交流時，他能強烈感受到國外孩子獨立自主的賺錢能力，這對他影響頗深。在對紫萱的教育中，爸爸也開始了「財商」教育。

在做家務的過程中，爸爸都會清楚地劃分出做哪部分工作能賺到多少錢，漸漸地讓紫萱搞懂了賺錢的規則。一天，紫萱回來和爸爸說：「爸爸，我想把自己已經讀過的書籍、雜誌帶到學校裡，和同學一起開個小型的二手書書攤。」爸爸聽後，欣然答應了，並說很願意幫忙。

一天的活動結束了，紫萱筋疲力盡地回到家，但臉上卻看不到絲毫的疲倦。見到爸爸後，她滔滔不絕地說了今天活動的過程與收穫，最後還用賺到的錢買了不少其他朋友的舊書。

案例中，紫萱爸爸透過生活中對紫萱的鍛鍊，讓紫萱對賺錢有了自己的小見解，並在勞動中知道回報與付出的比例。小時候經歷的這些，相信將會帶給紫萱的未來一定的精神和物質財富。

✦ 高財商的關鍵是理好手裡的財

當孩子對花錢和賺錢的尺度有一定了解時，家長可以試著帶孩子做些簡單的投資理財。

晶晶媽媽不僅自己是個理財通，還拉著女兒一起理財。晶晶五歲時，媽媽就帶著她一起去銀行，那時媽媽說的理財晶晶也聽不懂；八歲時，媽媽就為晶晶開通了兒童儲蓄帳戶，每次去銀行母女倆都是各忙各的。在媽媽的帶動下，十二歲的晶晶不僅把自己的戶頭打理得清楚俐落，有時間還會向同學們解釋相關的理財常識。

晶晶十五歲時，媽媽就替她開通了投資基金帳戶，並利用讀書的空閒時間替晶晶普及投資知識。現在的晶晶基本都是自己在電腦前看基金的淨值，且對多個基金的發展情況有自己的見解。最近晶晶和媽媽商量著，要多放些錢到基金帳戶裡，爭取到十八歲時，帳戶裡的錢能夠支付她的大學費用。晶晶從小在媽媽的言傳身教下，對投資有了基本的認知，並擁有了自己的小金庫，掌管著基金帳戶裡的小錢。相比於很多家長為孩子開了帳戶，但存款、取款業務都是由父母包辦的情形，這點使晶晶在財商教育的起跑點上贏了很多朋友。

股神巴菲特（Warren Buffett）曾多次在公開場合提及財商教育。

有一次，媒體記者問股神巴菲特：「您認為孩子幾歲時，父母就可以跟他們講金錢和投資？」

巴菲特回答：「越早越好。比如讓他們知道玩具的價格，理解存錢的意義。既然孩子的生活離不開金錢，為什麼不儘早培養他們良好的理財習慣呢？我很感激我的父親，我幼時從他身上學到了如何擁有正確的金錢觀，存錢是他教我的非常重要的課程。」

今時今日，巴菲特取得了巨大成功，他歷經金融風雨，眼光精準、心無旁騖，都有賴於父母從小對他財商意識的培養。

多數家長都期望孩子以後健康、快樂地生活，但如果能培養孩子的財商意識，它將會帶給您的孩子健康、富有的生活。

財商教育是家庭教育的重要組成部分

家庭教育對一個人的後天成長有著重要的影響，良好的家庭教育會幫助孩子塑造正確的觀念和品性，並提升生活的幸福感和成就感；不良的家庭教育對孩子的人生傷害是深遠的，不管是在健全人格的養成還是日後的生活狀態和生活品質方面。

財商教育是家庭教育的一個重要方面，孩子的經濟基礎都是由家庭提供的，家庭對造就孩子的金錢觀、財富觀發揮了關鍵的作用。

財商教育不僅僅關乎金錢，更關乎如何找到理想並一步步接近它。在這個過程中，孩子能學會獨立思考，學會積極進取，學會如何創造性地解決問題。如果能讓孩子有為自己夢想買單的能力，就可以讓孩子受益終生！

當今眾多家長在教育孩子時注重對智商和情商的培養，卻忽略了影響孩子日後經濟生活的財商教育。

琳琳從小就是家人、朋友眼裡的好孩子，愛讀書、成績好、乖巧懂事。為了不讓琳琳分心，儘管家裡條件一般，琳琳提出的要求，爸爸媽媽還是盡力滿足，對於錢方面的問題很少和琳琳提。一路在爸爸媽媽的「保護」下，琳琳考上了理想的大學。上了大學以後，爸爸媽媽照顧不到琳琳的生活起居，很多事都需要琳琳自己作主了，在一些同學眼裡讀書很難，但在琳琳看來，自己作主怎麼花錢更難。

一天，室友發了一張名片給同宿舍的每個人，介紹如何辦理學貸。藉著這個話題，宿舍的同學就討論起了學貸。室友說，她認識的那位師姐也辦了學貸，在平臺上既可以貸款，也可以做投資，且手續簡單，利息也不高，上大學這幾年不僅沒用家裡的錢，還賺了不少錢呢。室友這麼一說，同宿舍很多人的心都活了起來。

這些年琳琳只負責讀書，雖然從不擔心錢的問題，但也知道家裡條件一般，乖巧懂事的琳琳很想為爸爸媽媽分憂。想了好久，琳琳撥通了名片上的電話，很快就拿到了錢。前兩個月還好，每月沒有多少利息，在上面做任務還可以賺到錢，琳琳開心不已。可第三個月一看帳單，琳琳呆了，雜七雜八的手續費、管理費加上每天的利息就有好幾百元，如果不還款就會影響個人信用。

琳琳被嚇到了，她只能求助爸爸媽媽，爸爸媽媽知道後，趕緊拿了五萬元讓琳琳把貸款都還清，但系統顯示不能一次付清。無奈之下爸爸媽媽報了警，在警察的幫助下，琳琳才被解救了出來。

到這時，爸爸媽媽才意識到財商教育對孩子也很重要。

案例中，琳琳被騙後，爸爸媽媽才意識到對琳琳的家庭教育是不完整的。財商教育的缺失，讓琳琳缺乏對金錢的認知，在後天的獨立生活中，不僅對花錢、賺錢沒有明確的認知，更缺乏正確的消費觀和風險意識。

有一本書中曾說：如果你不及時教孩子金錢的知識，那麼將來就會有人取代你。比如債主、奸商、警方，甚至騙子，讓這些人來替你教育你的孩子財商，此時你和孩子就需要付出很大的代價。

在家庭教育中，教孩子正確了解財富、培養孩子的理財能力、喚醒孩子休眠的理財天賦、刺激孩子創造財富的潛能，對孩子日後的成長大有裨益。

✦讓智商、情商、財商同步而行

當下很多家長對於孩子的教育都偏向智商、情商的培養，其實財商的教育也不容忽視，應該讓智商、情商、財商三方面的教育同步而行。

一天，彤彤媽媽接完彤彤的電話，臉上掩飾不住喜悅與自豪。因為剛才彤彤在電話裡感謝了媽媽從小培養她的財商，讓她不僅每月的零用錢夠花，還有部分餘錢做投資。

彤彤媽媽是一名理財規劃師，因為自身職業的關係，媽媽早早就意識到財商教育在家庭教育中的重要性，以及對於孩子日後生活的影響。彤彤小的時候，媽媽就對她的財商教育分外重視。彤彤八歲時，媽媽就讓她自己掌管壓歲錢，也早早讓彤彤明白錢生錢的道理。家裡的各種理財投資，彤彤都熟知一二，學測之後，媽媽就和彤彤一起選定了一檔股票，交給彤彤自己打理。

在媽媽的一路帶動下，彤彤花錢有了節制，對理財投資也慢慢入門。

案例中，彤彤對媽媽的感激之情溢於言表，感激媽媽從小對她的財商的培養。媽媽的出發點是讓孩子對金錢有駕馭能力，讓日後的經濟生活有保障，無意中卻也塑造了彤彤的多重思維方式，提升了彤彤的生活品質。如果說智商可以幫助我們站在更高的地方，情商能開闢更多的道路，那麼財商則會帶給我們更多的選擇機會和更堅實的生活基礎。越早開始孩子的財商教育，對孩子越有正面意義。

✦財商教育缺失令人煩惱重重

領著同樣的薪資，吃住都一樣，為什麼身邊有人能存錢，有人卻還要家裡幫助？要防患於未然，孩子從小的財商教育一定要到位。

爸爸媽媽因為工作關係，經常要出差，便把小璐留在奶奶家，由奶奶看管。每次爸爸媽媽回來看小璐，就會買一些好吃的、好玩的、好衣服，等小璐再大一點時，便直接給小璐零用錢，並且每次走之前還囑咐說：「錢不夠花就打電話給媽媽，不要虧待自己。」在爸爸媽媽看來，現在的辛苦就是為了給小璐更好的生活，讓小璐吃好的、用好的、上好學校。而小璐也慢慢認為有錢就花，沒錢再向爸爸媽媽要，就從來沒想過賺錢的不易，更想不到去存錢。

大學畢業，小璐出來工作了，自己賺錢了，但她的花錢模式還一樣，想要的東西就去買，薪資花光了，還有爸爸媽媽。大學畢業三年了，薪資一路成長，卻唯獨不見錢包鼓。

過年期間，大學同學聚會，同學們都聊起了各自的生活。小璐發現，有的同學自己都能買房子了，有的男同學已經成為一家店的棟梁。再看自己，還像是長不大的孩子，之前是「月光族」，現在又變成了「啃老族」，一比較，小璐對自己的狀況很是懊惱。

案例中，在小璐畢業幾年薪資不斷增加的情況下，她還依舊是「月光族」和「啃老族」，很顯然，這與小璐爸爸媽媽在小時候對小璐的家庭教育有直接關係。爸爸媽媽把自認為最好的都給了小璐，沒錢了就要，在爸爸媽媽眼裡這是寵愛，但這種沒有界線的寵愛，讓小璐成年後還依然像個「象牙塔裡的孩子」，花錢沒計畫。

「月光族」是當下眾多年輕人的標籤，很多大學生畢業剛出來找工作，向家長伸手要錢，錢不夠花無可爭議。但工作幾年後，如果你依然每月都花光，就需要自我反思。

在家庭教育中，財商教育這一方面不容忽視，高品質的財商教育對一個人的經濟生活有著巨大的影響力。如果孩子長大後沒有勞動觀念，沒有經濟頭腦，不知道如何賺錢，不懂得合理節約，在激烈的商品競爭和人才競爭的社會裡，安身立命、成家立業都成問題，又如何為社會做貢獻呢？

低財商正在毀掉孩子的幸福

近年來，孩子亂花錢、花錢無度的現象比比皆是：十六歲少年偷錢送女直播主四十萬元；七歲孩子玩遊戲一個月花十多萬……

據資料顯示，現在孩子的平均零用錢過萬，但百分之五十二的孩子不知道怎麼管理。孩子的普遍情況就是：有錢不會花、沒錢偷著花、不知哪裡花，不知花哪裡。

這些亂花錢的現象令家長很著急，但更令人焦灼的是如果家長前期對孩子的財商教育不到位或者不正確，孩子在後天經濟陷入困境後，很容易一蹶不振。家長的財商教育既要教會孩子怎麼理財，更有責任讓孩子意識到理財可能遇到的問題，防患於未然。千萬不要讓低財商毀了孩子的幸福。

麗麗的爸爸媽媽都是一般上班族，但對麗麗的教育卻格外重視，麗麗從小用的、吃的、上的學校都是最好的，家裡收入的一半都花在了麗麗身上。終於麗麗學業有成，可以賺錢了，麗麗的爸爸媽媽也算是鬆了口氣。說來麗麗也爭氣，上學時成績好，工作時業績好，剛出校門，薪資就六、七萬，爸爸媽媽很是欣慰。

工作三個月了，連假回家，爸爸媽媽忍不住問麗麗一個月能存多少錢。誰知，麗麗說：「哪裡能存錢，這都不夠花呢。」媽媽一想也是，剛上班哪裡都要用到錢，也就沒再多說什麼。

轉眼過年了，麗麗回家，媽媽又忍不住問道：「麗麗，現在銀行卡裡幾位數了？」麗麗滿不在乎地說：「兩位數。」這個回答讓媽媽愕然：「怎麼會，自從上次回來到現在都九個月過去了，沒存任何錢？看你也沒穿什麼名牌，用的也不是太好，一個人也沒什麼開銷，錢都花哪去了？」麗麗贊同地說：「是呀，每個月到月底還要借錢花，信用卡還透支了幾張呢，都怪你，上學時你告訴我不要苦了自己，想買什麼就買什麼，現在我就是有錢就花，花完再想辦法。」

麗麗的話讓媽媽感到很委屈，沒想到麗麗不存錢是自己告訴她的，自己都覺得矛盾。以前上學時不想孩子受苦，讓孩子想買什麼就買什麼，現在孩子工作了，怎麼就變成隨便花了？是自己錯了嗎？

案例中，麗麗媽媽疼愛孩子沒有錯，但是忽略了對麗麗財商的培養，導致麗麗長大後也不知道怎麼存錢。從小到大麗麗就對錢沒什麼概念，長大自己賺錢了也還是一副無所謂的態度。因為媽媽從小灌輸她的思想就是有錢就花，沒錢就賺，根本意識不到用錢生錢，所以生活品質就提升不了。

財商教育直接影響著一個孩子日後生活的好與壞，決定著孩子的幸福程度。家長是孩子的第一任老師，在家庭教育中，家長是孩子的主導者，但家長本身具備一定的財商嗎？所以財商教育從自身做起，才能更好地教育孩子。

✦一味節儉不能理好財

在對孩子的財商教育中，身為家長要經常自我反省，反省自己本身是否具有一定的財商。如果意識到自身的財商不高，停止對孩子的財商教育也是對孩子的一種保護。

王波的爸爸生在一九七〇年代，一個物資匱乏的年代。所以爸爸從小就養成了省吃儉用的習慣。他一路從鄉下走到城市，在他的觀念中，唯有勤儉才能致富，漸漸地，他從對自己節儉，到對身邊的人也一樣節儉。生活富裕起來，但爸爸的生活習慣並沒有因此改變，只是把辛辛苦苦節省的錢放到銀行吃利息。多年過去了，日子過得沒有多大起色。

爸爸對於王波的教育也一樣，從小王波就比其他孩子節儉，花錢要節儉，用的、吃的都要節儉。孩子才十二歲，就和爸爸一樣整天把「省錢」掛在嘴上，親戚朋友都開始說，王波是第二個他爸爸。

王波上大學後沒多久，大家都開始疏遠他，和王波打過交道的同學說，王波愛斤斤計較，不僅在錢上錙銖必較，平時的小事也要分個清楚。

案例中，王波爸爸的理財經首先是要節流，卻忽略了開源，他把存下來的錢放到銀行，賺利息，很顯然這樣並沒有改善生活狀況。對於王波的財商教育也一樣，省錢、存錢、存錢，在後天成長中，並沒有改善王波的經濟情況，而且已經嚴重影響到了王波的生活。生活上王波的節儉，導致了他性格上愛斤斤計較，殊不知，這讓王波遭到同學的疏離。過度節儉的意識正在悄悄毀掉王波的幸福。

勤儉節約是中華民族的傳統美德，但過度節儉可能會讓孩子丟掉幸福。在家庭教育中，家長應該持有一顆時時學習、時刻進步的心，生長年代不一樣，家長就不能以一貫的教育方式對孩子，低財商的教育方式會讓孩子日後的幸福生活大打折扣。

怨天尤人只會讓你離錢越來越遠

抱怨是一劑毒藥，生活中愛抱怨的人只會讓自己被孤立，同樣，在投資理財中抱怨，也只會讓你的財運越來越差。

陳冰和劉鳴一起玩股票，但是上大學後少了聯絡，也就各玩各的。一天，陳冰在校門口遇見劉鳴，看到他從一輛車的駕駛座位上下來。一問才知道，原來這段時間劉鳴買的那支股票一路漲，小收益了一把，就用餘錢買了一輛車。「厲害呀。」陳冰嘴上說著，心裡卻有不甘。

「你手裡那支股票怎麼樣了？」劉鳴問。

「還好吧，變動不大。」陳冰漫不經心地說著。

事實上，因為前段時間打理不善，有支股票賠了不少呢，這一比較，更讓陳冰心有不甘。回到宿舍，陳冰看了下電腦，依然沒什麼變動，氣惱地摔了下鍵盤，倒頭睡覺去了。

自從看到劉鳴的車，陳冰就像變了個人，嘴裡不是說這個人幸運，就是說自己的不幸。他整天抱怨，對投資越來越不重視，今天跌了就是倒楣，明天漲了就是好運。漸漸地，他整個人都消極了，每天眼神呆滯、神情遊離，看周圍的事物越來越不順眼。不僅理財做得越來越差，還影響到了學業。

案例中，當陳冰看到劉鳴的收益後，不是想著怎麼進步、自我反省，而是開始抱怨，想著別人的成功是靠運氣得來的，不思進取，只是一味地消沉。如果陳冰任由這種心態發展下去，不僅毒害了自己，也會影響到周圍人。

家長在培養孩子財商的過程中，一定要打好預防針，時常告誡孩子失敗是常有的事，不能因為一時的不順而就此頹廢、消極下去，要對失敗有正確的認知。學會從失敗中總結經驗，吸取教訓，才能夠為以後的投資做好鋪陳。

對孩子的財商教育，家長既要引導孩子做正確的理財投資，也要讓孩子知道理財之路並不是一帆風順的，才會讓孩子在日後的理財路上有所收穫。

灌輸孩子「君子愛財，取之有道」的財富觀

財富是人們擁有高品質生活的保證，擁有一定的財富才能去想去的地方，過自己想要的生活。財富的獲取方式沒有標準的答案，卻有對錯之分。

《論語．里仁篇》曾講到，子曰：「富與貴，是人之所欲也；不以其道得之，不處也。」意思是說：富和貴是人想要的，但是如果不是用正當的手段得到它，君子不會接受。

無論古今，對於錢財都要以君子的方式來取得，「君子愛財，取之有道」的「道」，就是正道、合法，深究起來，就是也要合乎道德。

在孩子的財商教育中，越早讓孩子體認到「君子愛財，取之有道」的道理，對孩子日後樹立正確的金錢觀幫助越大。

晚飯後，永強坐在兒子旁邊，看兒子認真地寫作業，很是欣慰。兒子回頭問爸爸：「爸爸，『君子愛財，取之有道』是什麼意思呀？」

爸爸想了想說：「我講個我小時候的故事給你聽吧。」

「小時候，我家住在石油廠附近。石油廠裡有很多鐵製的東西，很多家長就告訴孩子：去撿幾個鐵東西回來賣錢。說是撿，其實就是偷。但很多家長認為：反正是小孩，抓到了也不能拿你怎樣。

看著院子裡的孩子們都這樣，我也跟著去『撿』了幾個。當拿回家像其他小朋友一樣到爸爸眼前炫耀時，等著我的不是誇獎，而是一頓教訓。我爸爸把我拖到門口，讓我跪下：『君子愛財，取之有道，我們家從沒偷過東西，如今……今天能偷一根鐵棍，明天就能偷錢。』在我八歲那年，我挨了爸爸的第一次打，也是我這輩子唯一一次挨打。從那以後『君子愛財，取之有道』這句話，就刻進了我的骨子裡。」

兒子聽爸爸講完後，深深地點頭說：「爸爸我知道了，我以後一定不會這樣，一定要做個君子。」

小樹不修不直，孩子還小的時候，對於對與錯沒有明確的認知，當孩子思想有偏差時，家長要及時修正。在聽了永強的說教後，永強兒子對於「君子愛財，取之有道」的認知也會像永強一樣深刻。

仁道是安身立命的基礎，生活的原則。無論是富貴還是貧窮，這都是做事的基礎和原則，以孟子的話以一概之那就是「富貴不能淫，貧賤不能移」。

要讓孩子明白小時偷針，長大偷金的道理

在孩子的成長過程中，心思一天一個樣，家長要及時察覺孩子的思想變化。當發現孩子的思想或行為出現偏差時，要在第一時間予以糾正，這樣孩子長大後才會對金錢有正確的認知。

一天，小金媽媽帶著小金去超市買襪子，買了兩雙給小金，買了兩雙給自己，一共是四雙襪子，結果回到家發現多拿了兩雙。這時，小金轉了下眼珠子說：「是超市阿姨贈送的吧？」媽媽想了想說：「沒有啊。」小金漫不經心地說：「就兩雙襪子，我們家離超市還遠，不用送回去了吧，超市那麼大也沒人知道。」

小金的話讓媽媽很不開心，但媽媽並沒有生氣，而是想著趁此機會好好教育教育小金，讓她糾正了愛貪小便宜的毛病。

「嗯，我看是沒問題。」媽媽故意配合小金說著，「那媽媽問你，如果下次到超市多拿了根金條，你是不是也會不以為意呢？」小金一下子紅了臉，聽媽媽這麼說，小金感到十分羞

愧。然後媽媽和她說了「小時偷針，長大偷金」的民間故事，慢慢把其中的道理告訴小金：「如果媽媽這次應允了，下次你貪的就不是這點小便宜了。記住只要不是你的，就不能要，這是做人的基本原則，也是做人的底線。」

案例中，因為媽媽及時察覺小金思想的偏差，抓住機會以小見大，語重心長地和小金講明白道理，相信以後再遇到這類事情，小金就知道做事應該堅守的底線了。

在生活中，家長應該時常告訴孩子，要透過正當的方式獲取財富和地位，這樣不僅得主本身受益，整個社會也跟著受益。每個人對於錢財都趨之若鶩，但錢財要透過正確、合法的途徑來獲得，「君子愛財，取之有道」，透過怎樣的「道」取得錢財很重要。

◆ 取財要從正道來

所謂「君子愛財，取之有道。」什麼「道」？合法之道。說到底，也就是仁義之道——仁道。

楊軒出生於教師之家，爸爸媽媽都在大學教中文，耳濡目染下，楊軒對文學有了十分濃厚的興趣。一家三口閒暇之餘會討論一些古典名著，楊軒對哪裡了解不足，爸爸媽媽都會補充。平時他們還會把工作、學習中發生的小事拿來討論。就像今天，楊軒學了《增廣賢文》，其中有一句「君子愛財，取之有道」，楊軒就對其中的「道」很感興趣，回到家就向爸爸媽媽請教何為道。

「肯定是正道。」媽媽說道。

「嗯？正道？」楊軒有些疑惑。

「快讓你爸爸這位大學士來幫你上堂課吧。」媽媽補充道。爸爸則清了清嗓子正經地說：「《增廣賢文》曰：『君子愛財，取之有道；小人放利，不顧天理。』錢財，每個人都需要，每個人也都希望擁有。因為它是物質生活的一種體現，人們要改善生活，就必須獲得錢財。但取財不可行不義之道，損他人、損國家、損社會，而利自己。然，何其正道？答曰：勞動致富，勞動發財。簡單地說，『道』就是取得財富之路，『正道』就是有一定的準則，在符合社會倫理道德的前提下取得財富。也就是君子要明辨哪些錢該賺，哪些錢不該賺。」

楊軒向爸爸作了一個揖，道：「弟子受教了。」

爸爸哈哈大笑道：「至於具體的原則、社會倫理道德且聽下回分解。」

案例中，在楊軒一家三口的交流中，「何為道」變得越來越清晰了，爸爸對於道的解讀，不僅讓楊軒明白了獲得錢財要透過正確的途徑，更對其日後金錢觀的樹立有一定的影響。

縱觀歷史長河，總有一些人，被金錢矇蔽了雙眼，為了不義之財而疲於奔命，最終為後人所不齒。前事不忘，後事之師。不想歷史重演，就要從小做起，防微杜漸，在財富的獲取上讓孩子都能成為君子。

塑造孩子正確的金錢觀

錢有兩副面孔：一面是天使，一面是魔鬼。當孩子對錢有了一定的認知，知道怎麼賺錢，如何花錢，就要相信他不會亂花錢。但如果家長平時疏於灌輸孩子金錢的知識，遇到問題喜歡用錢擺平，沒有消費計畫，漸漸地，孩子在花錢方面也會無度。甚至有些孩子懂事了對錢還一無所知，對家長而言是擔心孩子被金錢腐蝕，但這樣做不利於孩子金錢觀的形成。

因此，家長在培養孩子財商時，應注意幫助孩子形成正確的金錢觀。

✦ 讓孩子知道錢是如何得來的

如果孩子明白錢是透過相應的勞動換來的，並不是隨意就能得來的，也不會揮霍。

子楓是二〇〇〇年以後出生的孩子，是網路時代的「原住民」，自懂事起，所能接觸到的事物都和網路有關。叫車、吃飯、買東西用信用卡都能解決。

因為怕影響子楓讀書，也不想讓子楓那麼小就接觸錢，平時爸爸媽媽談工作、談投資都避著子楓，慢慢子楓對錢也就沒什麼概念，只知道花爸爸媽媽給的錢很痛快。

一天，子楓嚷著要玩具，媽媽想等這個玩具過幾天打折時再買，就順嘴說：「沒錢。」子楓卻輕鬆地說：「你拿手機『掃一掃』就有錢了呀。」媽媽聽後很驚訝，原來在孩子眼裡，賺錢、花錢是如此輕鬆。

家長要想讓孩子樹立正確的金錢觀，第一步就是讓孩子明白錢是從哪來的。帶孩子了解家長工作的內容，了解社會上的各個職業，對於孩子來說也是一種成長。

要引導孩子參與消費

講如何花錢給孩子聽，不如讓孩子自己去消費。在消費中，孩子不僅會意識到浪費是不對的，更會體會到家長賺錢的不易。

一年暑假，媽媽帶著政豪回奶奶家，剛待了兩天，爺爺就對女兒說：「孩子不要太寵著了，吃東西挑三揀四的，這不喜歡吃，那不喜歡吃，不懂得珍惜食物，不知道任何東西得來不易，更體會不到賺錢的不易。」

爺爺生活在一九六〇年代，那時物質匱乏，所以現在一看到小孩子浪費，就渾身不自在。第二天早上，爺爺就把還在賴床的政豪拉起來，說：「走呀，爺爺帶你去個好玩的地方。」小孩子一聽有好玩的，就乖乖跟著爺爺走了。兩人來到菜市場，爺爺說：「政豪，你想吃什麼，就去買，買完記好帳就行。」政豪一聽，這個差事很好呀，就開始行動了。這個看著好，買了；那個看著不錯，也買了。半個小時下來，爺爺手裡已經拎滿了袋子，要不是爺爺提醒他該回家了，政豪估計還要再買一下子。

回家把東西放好後，爺倆開始對帳目，這一算，一早兩人花了一千多元。算完這個帳，爺爺問政豪：「政豪，你知道你爸爸媽媽每天要工作多少小時？可以賺到多少錢嗎？知道我們每天的開銷嗎？」聽爺爺這樣說，政豪開始在心裡盤算了。吃午飯時，媽媽總覺得這頓飯吃得很安靜，少了什麼呢？一細想，原來是沒有了政豪的挑三揀四。

在媽媽看來，不告訴孩子這些是想好好保護孩子，為他創造良好的學習環境。但沒料到，這樣反而讓孩子覺得賺錢很容易，不珍惜輕易得來的東西。

回家後，媽媽把發生在奶奶家的事告訴了爸爸，爸爸覺得這個方法很好，以後購物時，只要爸爸媽媽時間充足，就會帶著政豪，一些買東西的帳目讓政豪負責記錄，每個月家裡的帳目總結也讓政豪參與。

讓孩子參與消費，並負責記帳，這樣孩子會將每類物品的價格都熟記於心。這件東西貴了，因為知道賺錢的不易，孩子就會經過仔細考量再決定要不要買。如果無意中買了無用的東西造成浪費，這對於培養孩子管理錢的能力也有所幫助。

在孩子面前不要「哭窮」不要「炫富」

家長給予孩子最好的財商教育是引導，適當讓孩子知道家裡的經濟狀況，對培養孩子正確的金錢觀大有幫助。如果不告訴孩子實際情況，或對孩子說一些過分的話語，如：買這個給你花了多少錢；我們家沒錢了；或者是我們家有的是錢，想買什麼就買什麼等。這樣對孩子的成長是不利的，會讓孩子長大後對金錢要不就是握得太緊，要不就是看得太輕。

韓靖夫妻二人都是成功的律師，年收入頗豐。他們從寶寶出生起，就盡己所能為孩子創造好的環境。下班從學校接孩子回家，寶寶拉著媽媽的手問：「媽媽，我們是不是很有錢呀？」媽媽聽後溫柔地說：「不是我們很有錢，是爸爸媽媽有錢，你現在有的是我們對你的愛。因為愛你，所以給了你現在的一切，但是如果你想擁有自己的東西，就必須透過努力去獲得。」

媽媽的話溫柔卻有力量，寶寶聽了，或許現在還不能完全消化理解，但日後寶寶想要東西時，第一個想到的會是靠自己的努力去獲得。

看寶寶似懂非懂的樣子，韓靖對寶寶說起了自己的母親：「媽媽出生在鄉下，家裡條件跟你現在比呀，簡直就是一個在天上一個在地下，只因我愛讀書，我的媽媽才全力支持我讀書。上高中的時候放假回家，媽媽去廚房裡找吃的，找到的只有鹹菜和饅頭。我每次問我媽媽，我媽媽都會說：『你好好讀書，你的書讀好了，就是對我最大的安慰。』我媽媽知道我不亂花錢，每次要錢，我媽媽都會及時給我，不讓我有負擔。從小到大，當時家庭條件有限，但我感受到了媽媽對我滿滿的愛，而這份愛也是支撐我走出鄉下的力量。」

寶寶聽了媽媽的故事，還不能悟到媽媽的用心良苦，但心裡已被媽媽的愛占滿了。

不在孩子面前「炫富」，也不能在孩子面前「哭窮」，家長在孩子成長過程中能給予正面的引導，對孩子來說就是一筆巨大的財富。

不要輕易打擊孩子的自尊心

當家長發現孩子有偷錢行為時，第一反應都很憤怒，隨即對孩子非打即罵，殊不知這樣會傷害孩子的自尊心。孩子的自尊心一旦受傷，在後天成長過程中很容易出現性格上的缺陷。

李琦最近很頭痛，前段時間放在口袋裡的兩百塊錢不見了，而昨天老公又說他錢包裡的五百塊錢也不見了，兩人百思不得其解。後來夫妻二人冷靜思考，覺得應該是兒子拿走了。這件事怎麼處理呢？李琦是做心理諮商的，她知道孩子肯定是哪裡有問題才會偷拿家裡的錢，但是兒子能有什麼事呢？她的思緒很亂。

上班時，李琦和同事說了這件事，原來，同事家的孩子也有過這種行為。後來同事告訴她，孩子偷錢的基本原因是沒有零用錢，或是零用錢少；又或者是，孩子想買一些東西，家長不同意；有時偷錢也是為了得到家長的關注，故意偷錢來刺激他們。

李琦聽後，心裡一陣酸，開始反思最近與孩子的溝通、相處中自己失職的地方。回家後，看著兒子乖乖在寫作業，便用輕鬆的語氣說：「兒子，晚上媽媽帶你吃好吃的吧。」兒子爽快地答應了。吃飯間，李琦關切地問了孩子：「最近零用錢夠不夠花？有沒有想要的玩具？要不要買雙新的球鞋？」李琦越細心地問，孩子的頭埋得越低。飯沒吃完，兒子就慚愧地向媽媽承認，前段時間從爸爸媽媽口袋裡偷拿了錢。

李琦摸著兒子的頭說：「是媽媽對你關心不夠，以後錢不夠花，有問題要提前和媽媽說，如果你偷錢，媽媽會很傷心的。」

兒子爽快地答應了，並和李琦擊掌為盟。

「玉不琢不成器」、「孩子不打罵不容易成材」，很多家長在孩子犯錯時不由分說地先罵一頓、打一頓，粗暴地對待孩子，孩子不僅不知道自己的錯誤所在，還有可能留下心裡陰影，性格容易變得偏激。

當孩子出現偷錢等不良行為時，家長要先冷靜下來，切記不可傷害孩子的自尊。要自我反思，對孩子的金錢教育是否到位，有沒有講明金錢的利害關係。同時，要經常問問孩子想要什麼，萬事要商量，讓孩子明白「偷」是不對的。

孩子金錢觀的樹立不是一蹴而就的，在教育孩子金錢觀的過程中，家長需要不斷檢討自己的行為，對於出現的問題要及時修正。「你的樣子就是孩子的樣子」，讓孩子知道金錢美好的一面，也要讓孩子知道金錢罪惡的一面。

第六章 零用錢管理：教孩子學會分配資源

零用錢，給還是不給

隨著經濟的飛速發展，人們的生活水準越來越高。作為家長，可以提供給孩子的物質條件越發優越，但有很多家長一直在糾結一個問題——到底應不應該給孩子零用錢？

家長糾結的點大都在於想給孩子零用錢，但又怕孩子沒有足夠的能力和自制力去支配。其實，這種顧慮是多餘的。只要將給零用錢的週期和數量控制在合理範圍內，同時從側面了解孩子的開銷並加以科學地引導教育，就可以徹底消除家長的後顧之憂。

安強的兒子今年讀小學一年級了，這天晚飯過後，夫妻兩人正在廚房忙著收拾呢，兒子跑過來說：「爸爸媽媽，我想要零用錢，可不可以從下週開始給我零用錢啊？」此話一出，出乎他們的意料，兒子之前從沒有講過零用錢的事情，怎麼今天突然就提出來了？安強問道：「怎麼了，兒子？怎麼突然想要零用錢了？」

兒子說：「班上所有小朋友都有零用錢，今天老師在活動課上還和我們講了零用錢的使用呢，可是我並沒有拿到零用錢。」

安強和妻子一聽才恍然大悟，兒子已經上小學了，按理也應該從他們這裡拿到零用錢，只是家裡一直沒提，所以他們就忘到腦後了。話雖如此，但之前從來沒有過自己花錢經驗的小孩子突然擁有零用錢，難免會讓夫妻二人有點擔心。一陣眼神交流後，安強說：「兒子，你看這樣好嗎，爸爸媽媽這兩天商量一下，週末告訴你，可以嗎？」聽完爸爸的話，兒子應了一聲，乖乖回到自己的房間。

夜裡，夫妻倆開始討論究竟要不要給兒子零用錢。兒子從小就很乖，而且因為良好的家庭教育一直很懂事，可話雖如此，夫妻倆還是對存在的風險比較忌憚。要是因為手上有錢了，兒子逐漸迷戀上隨意開銷，自己又沒有辦法一直陪在他身邊，那局面就不好挽回了。就這樣糾結著，兩人也沒有討論出什麼實質性的結果，最終安強提議第二天到公司找家中有孩子的同事討論一下，順便借鑑一下經驗。

第二天午休，安強找到了同事王虎「取經」。王虎的孩子今年已經讀國中了，在聽到安強的困惑之後，他耐心地講道：「我覺得孩子的零用錢是一定要給的，我們家女兒的零用錢就是從小學開始給的。我知道你的擔心，但是你要給孩子一個自己支配錢的機會啊！如果你一直不信任他，那他永遠也長不大。剛開始的時候少給點，漸漸地，你發現孩子自己已經擁有足夠的自制力，你再開始增加金額，這樣你們也可以放心不少。」聽了王虎的話，安強頗受觸動，晚上回到家和妻子一陣交流過後，兩人欣然接受了建議，決定從下週開始給兒子零用錢。

案例中，安強夫婦最開始對孩子是否能夠合理利用零用錢的擔憂是正常的，這同時也是許多家長共同的憂慮。但是經過兩人的交流和向「育兒前輩」請教，兩人發覺，想要孩子學會花錢，必須先給他花錢的機會，最終決定開始給孩子零用錢。

有些家長不希望孩子有零用錢，而是習慣於孩子需要什麼就買給孩子，不讓錢經過孩子的手。這樣不是家長口中所謂的保護，而是讓孩子與金錢離得越來越遠，始終無法在心中形成對金錢的完整認知，長久下來，就算孩子成長起來，也會是一個「不會花錢的人」。只有放開雙手，讓孩子去探索去嘗試，作為家長，在一旁加以建議和矯正，才可以真正讓孩子學會如何花錢，合理花錢。

不要用溺愛代替零用錢

一些家長認為沒有必要給孩子零用錢，「孩子想要什麼就買給他，家裡又不是沒那個條件」。這樣的做法和想法只能說對孩子的成長有百害而無一利，孩子會因此對個人財產的擁有和支配毫無概念，長久下來，孩子將在金錢使用上陷入迷茫。

圓圓馬上要步入國中了，但她仍然不知道零用錢為何物。這是為什麼呢？原來，圓圓的爸爸媽媽從小到大從未給過她零用錢，甚至在她面前都沒有提過「零用錢」這個概念。

圓圓家境優越，吃穿住行方面，爸爸媽媽都是為她擇優。但是在零用錢的問題上，爸爸媽媽一致認為，小孩子對金錢沒有什麼概念，她想要什麼，我們就買給她，盡量不讓錢經過她的手，這種事情等她長大了以後再接觸比較好。抱著這樣的想法，圓圓從兒時到現在，爸爸媽媽對她基本都是有求必應，她自己也沒覺得哪裡不好。

直到有一天，媽媽無意中發現圓圓在翻自己的錢包，只見她拿出兩張一百元放進了自己的口袋裡！晚上，媽媽和爸爸商量後，兩人來到了圓圓的房間。夫妻二人針對圓圓先前私自拿錢的行為進行思想教育的時候，發現圓圓依舊若無其事地玩著手機，更加讓二人難過的是，圓圓竟然說：「哎呀，知道了，下次和你們說一聲再拿，我想說都是家裡的錢，拿就拿了，總是跟你們要，挺麻煩的。」

聽了圓圓的話，兩人陷入了沉思。孩子怎麼會有這種想法，難道是我們之前的教育方式不對？之前怎麼沒注意到她這種行為？她成了現在這樣，是因為我們的嬌慣嗎？一連串的問號縈繞在他們的心頭，久久不能散去……

案例中，圓圓的爸爸媽媽認為自家的家庭條件足以給圓圓優越的生活，同時孩子還小，沒有必要過早地接觸錢。這樣的想法讓他們在孩子的金錢教育方面毫無投入，也直接導致了孩子對個人財產沒有任何概念，單純地將自己與家庭融為一體，導致了毫不自知的「拿錢」行為。

家長一定要深刻體認到，一味地將金錢上的事與子女隔離開，只會讓他們對「錢」的相關概念越來越模糊，會讓他們眼中只有花錢和得到錢，從來不會考慮這些錢的歸屬問題。雖然家長對子女的愛超越了財產分割界限，但一個對財產沒有足夠清晰概念的人如何走向社會呢？相信這樣的結果違背了家長因寵愛孩子而採取的各種行為的初衷。

◆給孩子自主支配個人財產的權力

無論家庭條件如何，家長都應該給孩子適當的零用錢，讓孩子自己選擇如何去消費。這樣做的好處除了可以培養孩子自主支配錢財的能力外，還有一點不容忽視——隨著長期適應零用錢的收入與支出，孩子對個人財產會有清晰的了解和較為系統的認知。

在小芳六歲生日那天，她從爸爸媽媽手中接過了自己的第一筆零用錢，雖然數目不大，但是能讓她開心好幾天。轉眼間，小芳已經踏入國中了，爸爸媽媽依舊會定期給她零用錢，當然數目與之前相比大了不少。

幾年間，爸爸媽媽一直堅持按時給小芳零用錢，而且早在她六歲時，爸爸就曾對她說：「小芳啊，從今天起，爸爸媽媽決定給你零用錢，因為你現在沒什麼特別大的開銷，所以不會給你很多，等你以後長大了，我們再增加。」看著女兒高興的神情，爸爸繼續說：「給你的錢完全由你自己支配，你想幹嘛就幹嘛，爸爸媽媽不會有過多的詢問。但是你要知道，給你的零用錢就是你自己的財產了，你以後想吃什麼、想買什麼都要用你的存錢筒，爸爸媽媽不會再買零食和玩具給你了，所以錢要怎麼花全看你自己。」

正是因為最開始的教育，小芳慢慢學會了自己管理自己的存錢筒。如果平時沒有什麼心儀的玩具，她就會買一些零食；當她想買稍微貴重一點的東西時，她會慢慢存錢直到可以購買。就這樣，小芳一點點學會自主使用零用錢，爸爸媽媽也就可以放心地給她更多的零用錢。

案例中，小芳的爸爸媽媽在她很小的時候就選擇將零用錢交給她，由她自己取捨要購買的物品。透過這種方式，小芳不僅能夠在零用錢的支配上得心應手，同時因為自己的零食、玩具等消費都是由自己的零用錢承擔，所以也加強了小芳對家庭財產中個人財產分配的意識。

家長不能因為孩子年少就覺得他們難以承擔支配財產的風險，轉而由自己來負責一切。應該嘗試相信孩子，給孩子自主消費、理財的機會，同時在旁加以指導和幫助。這樣一來，孩子在成長過程中會逐漸培養經濟獨立的意識，對長大以後獨立生活、獨立面對並解決生活中的各種問題也有極大的促進作用。

準確衡量應該給孩子多少零用錢

在孩子的成長過程中，很多家長都能夠意識到給孩子零用錢的重要性，但在給予孩子零用錢的過程中，給多少似乎是一個困擾他們的問題。給多了，怕孩子養成揮霍的習慣；給少了，又怕孩子不夠開銷。如此一來，就導致家長雖然堅持給孩子零用錢，但每次給完，心裡總是不踏實。

李明的女兒今年十歲了，從她八歲開始，李明就決定給女兒零用錢，讓她有自己的「小財產」，順便鍛鍊一下她自主花錢的能力。

這天，吃過晚飯後，女兒剛回到自己的房間不久，就又匆匆跑到他的房間，怯生生地說：「爸爸，以後可不可以多給我一些零用錢，我覺得現在這些錢什麼都買不了。」聽過女兒的話，李明才想起來，以前他覺得孩子小，也不懂得花太多的錢，所以給女兒的零用錢不多。可是轉眼之間，女兒已經長大了不少，自己仍然只給她幾十塊的零用錢，肯定是不能滿足她的消費需求了。看到女兒提出請求時的樣子，「錢不夠花」的時間應該已經不短了，女兒應該是想了好幾次才鼓起勇氣來和自己說的。

想到這，李明十分懊悔，怪自己平時沒有給予女兒足夠的關注，於是連忙說：「這是爸爸的錯，之前覺得你還小，不能花太多的錢，零用錢也就給得少，可是一轉眼，我們的小公主都長這麼大了，零用錢肯定也要適當地多給一些啊。之前是爸爸粗心，忘記了這件事，以後絕對不會了。從明天開始，我就多給你一些零用錢，你覺得怎麼樣啊？」女兒聽到爸爸這樣說，一邊點頭，一邊說：「謝謝爸爸。」

案例中，李明忽略了隨著女兒長大而增加的消費，所以開始給多少零用錢，就一直延續了下來。不過好在他聽了女兒提出多要零用錢的要求後，迅速意識到了自己的失誤，並且為女兒增加了零用錢。

家長在給孩子零用錢時，要掌握好一個「度」——既不能給得太多，讓孩子無節制地消費；也不能給得太少，無法支撐孩子的消費需求。應該理性分析孩子隨著年齡增加而提高的消費水準，同時關注孩子支配錢的能力，綜合兩者後決定給孩子零用錢的多少。

◆無限制地給予不是愛

家長都深愛著自己的孩子，只是每個人表達愛的方式不同。在零用錢的給予上，有些家長覺得對孩子有求必應就是最好的愛，所以他們會無限制地給孩子錢花，可這樣做是不對的。

王寧與妻子三十多歲的時候才生下孩子，對這個遲來的兒子別提有多寵愛。自孩子牙牙學語開始，夫妻二人對孩子就是有求必應、有要必買，甚至有的時候孩子沒有張口，東西就提前準備出來了。

孩子稍微長大一點，夫妻二人就開始給他零用錢，數目之大是一般家長都無法想像的。兒子拿了這麼多錢也不知道幹嘛，王寧就對他說：「沒事，你喜歡什麼就買什麼，沒了就再來找爸爸要好了。」周圍關係比較親近的親戚朋友見狀，都婉言相勸，認為他這樣的寵愛對孩子不好，慢慢發展下去，孩子容易對金錢麻木。可是王寧夫妻倆根本不聽，繼續我行我素。

終於，在一次給孩子零用錢的時候，兒子覺得給少了，張口就要一萬元。這次可著實驚到了夫妻二人，他們也不清楚兒子要這麼大數目的零用錢做什麼，於是忍不住開口詢問。誰知道，兒子隨口答道：「也沒什麼特別的打算，反正就是花，總能花完的。」聽了兒子的話，二人陷入了沉默。看來長期以來不聞不問、只負責給孩子錢的行為，讓孩子失去了這個年紀對金錢本該有的好奇和掌控欲，再這樣下去，孩子豈不是只知道花錢，而不知道錢為何物了？但是，這麼多年都過來了，一時半會也難以和他說明，再說，就算和他好好講道理，孩子還會聽嗎？想到這，他們不禁陷入了深深的苦惱當中……

案例中，王寧與妻子因為對孩子的愛而選擇無限制地給孩子零用錢，無論什麼情況，只要孩子張口，都會從爸爸媽媽那裡得到錢。這種情況長期累積，最終導致孩子在沒有需求的情況下也會向父母要零用錢。雖然夫妻二人最後意識到了這麼做的壞處，但是事態已經發展到了極其嚴重的地步，想要心平氣和地與孩子交談後就指望他能改正基本是不可能的了。

雖然滿足孩子的需求也是愛的一種表達方式，但是愛不能和錢等價，無限制地給予不等於愛！在家長這裡予取予求的孩子會逐漸失去對金錢的概念，也絲毫不會想有關理財的任何內容。

✦為孩子「量身打造」零用錢

家長要隨時關注孩子的用錢情況，隨著年齡的增長，給孩子的零用錢要適當增加一些。若是遇到短期內增幅較大的開銷時，家長也應該酌情給予孩子一些幫助，當然不可以全部負責。

王鵬今年就要讀國中了，一直以來他都有自己的零用錢並且將其管理得很好，小小年紀就已經懂得比較基礎的理財。這一切說來還要歸功於他的爸爸媽媽在他零用錢方面的明智處理和循循善誘。

王鵬的爸爸媽媽在他剛進入小學的時候就開始給他零用錢了，雖然不多，但是對於那時的王鵬來說，平時買一些零食還是綽綽有餘的。當然，隨著王鵬的年齡越來越大，爸爸媽媽給他的零用錢也相應地有所提高。這都是他們與兒子商量好的，雙方都沒有意見。固定的零用錢讓王鵬學會了合理地分配，雖然開始也遇到過幾次「花超額」的情況，不過隨著時間的推移，王鵬在金錢管理方面越來越成熟了。

當然，有時候會有朋友向他借用零用錢，每每此時，王鵬就會拿出自己的錢去幫助他，之後再向爸爸媽媽「借錢」填補空檔。一旦朋友把錢歸還，他就立即把錢還給爸爸媽媽。除此之外，在發現王鵬有購買大玩具的意向而無力支付時，爸爸媽媽也會伸出援手，不過不會全額買單，只會給他大概一半的資金「支援」，剩下的就讓他自己湊齊。

案例中，王鵬的爸爸媽媽透過對孩子的觀察大致了解了每個年齡層孩子所需要的零用錢數目，並且將其固定化。形成規矩後，除非遇到大開銷等特殊情況，父母便不再給孩子多餘的零用錢。這樣長久堅持下來，讓王鵬小小年紀就變成了理財高手。

家長在給孩子零用錢的過程中，應該注意觀察並總結孩子在特定年齡層大概的零用錢需求量，透過給予固定的零用錢，可以讓孩子的零用錢支出更加穩定。除此之外，還能鍛鍊孩子的理財能力，可謂是一舉兩得。

選擇合理的方式給孩子零用錢

家長在給予孩子零用錢的過程中，除了要對零用錢的金額有精準控制外，給孩子零用錢的方式也同樣值得重視。選擇合理的方式給孩子零用錢，不僅可以有效避免孩子在接受零用錢時出現的負面心理，同時還對日後家長與孩子在零用錢問題上有效地良性循環有極大的促進作用。否則，極有可能使孩子對零用錢產生依賴、忽視等負面情緒，甚至因為零用錢問題影響到其他諸多領域。

不要將零用錢和鼓勵捆綁在一起

每個家長都希望孩子可以茁壯成長，當看到孩子表現優異時，會想要給予孩子鼓勵，讓他們堅持下去。但是值得注意的是，家長不應該將多給零用錢作為獎勵，那樣一來，孩子會很容易認為自己的零用錢和自己的優異表現相關。那麼日後一旦失去了更多零用錢的來源，孩子就很有可能停止優秀。

早上，芳芳收拾好書包準備出門前，媽媽急匆匆地叫住她，「芳芳，來，幫媽媽把這兩袋垃圾順路帶下去。」芳芳笑嘻嘻地說道：「十塊錢。」媽媽見狀立刻板起了臉：「這孩子，媽媽叫你丟個垃圾怎麼還跟我要錢？怎麼這麼不懂事啊？」芳芳狡辯道：「怎麼啦？明明說好的，我幫忙做家務就有獎勵，現在這是明碼標價！」聽著女兒越來越大的聲音，媽媽無奈地拿出十塊錢，和垃圾袋一起交給了她，心中不免感嘆：原本的女兒多好，現在怎麼成了這個樣子。

原本，芳芳在很小的時候就懂得幫家裡做家務，雖然笨手笨腳，但是爸爸媽媽看到女兒這麼懂事都很開心，於是決定給孩子五塊錢作為獎勵。日子一天天過去了，芳芳偶爾會幫家裡洗碗、拖地等，爸爸都會給她五塊、十塊錢作為獎勵並誇她懂事。可是漸漸地，芳芳開始不主動做家務了，每次就算是被要求去擦桌子、洗碗，也會和爸爸媽媽提前要錢。一開始夫妻二人還只是覺得好笑，這小孩子倒是知道要錢。可是發展到後面，芳芳變得斤斤計較，沒有錢是絕對不會做家務的，弄得夫妻二人是既氣憤又無奈，但是自己養成孩子的壞毛病，只能自己忍著。

案例中，小時候的芳芳試著幫爸爸媽媽做一些力所能及的家務，但因為爸爸媽媽一時欣喜，就決定給她零用錢作為獎勵。這種行為無形當中使得孩子認為這些錢是做家務得來的，而不再考慮它的鼓勵作用，久而久之，乾脆將二者等同起來，所以發展成最後的沒有「酬勞」就不做家務。除了她自己的錯誤認知外，父母的錯誤引導也有不可推卸的責任！

優秀的表現是孩子的主動表現，而接受零用錢則是被動行為。如果家長見到孩子的優秀表現，就獎勵孩子零用錢，那麼很容易使年紀還小、對事物尚且不具備完整認知的孩子把自己的主動優秀行為變成被動。換言之，原本對優秀行為很嚮往的孩子，會因為零用錢有沒有變多而決定自己是否繼續保持優秀。這樣一來，事情的發展和家長的初衷背道而馳。

✦不要讓零用錢扼殺了孩子的熱愛

很多家長在孩子成績優異時會選擇獎勵他們零用錢，這種做法是否正確有待商榷。孩子之所以可以在學校取得優異成績，源於他們認真的學習態度，而從他們認真的態度可以看出，孩子對知識的渴望和對學習的熱愛。如果家長在這種熱愛換來的優異成績中強加入物質元素，那麼孩子原本純真的好學之心很有可能畸形發展，最終發展成為了零用錢而讀書。

小琴是大家眼中的「好學生」，在校表現優異、尊師重道、友愛同學。在前兩天剛結束的期末考試中，小琴透過自己的努力再次獲得了全年級第一的好成績。

聽到這個消息，媽媽十分激動，決定給小琴五百元作為獎勵，讓她自己支配。給完錢的媽媽完全沒有注意到拿著現金手足無措的小琴，誇完小琴後，媽媽打電話給遠在外地出差的小琴爸爸：「老公，小琴這次期末考試又拿了全年級第一名，看我們的女兒多厲害，我還特地給了她五百塊錢作為獎勵呢！」爸爸本來還笑顏逐開，聽到後面，臉色不禁沉了下來，急忙說：「你怎麼回事？給孩子錢幹嘛？小琴成績好是因為她本身對讀書有濃厚的興趣，你這樣做，讓她怎麼想？難道自己好好讀書就為了拿獎金嗎？你這是對孩子不負責任，等我回去再說吧！」媽媽被爸爸突如其來的大發雷霆弄得不知所措，只能悻悻地掛掉電話。

隔天，爸爸匆匆回到家裡，看到正在客廳畫畫的小琴，上前說道：「聽說女兒考試又拿了第一，真厲害！」，「爸爸回來了，這次的題目都很簡單，我就考了滿分。」小琴笑嘻嘻地說道。爸爸接著說：「小琴為什麼成績這麼好啊？是不是自己對讀書很感興趣？」小琴說：「對啊，老師教得可好了，我能算出題目就很有成就感。」爸爸說：「小琴好棒，聽說媽媽為此還獎勵了你五百塊錢？小琴成績好可不是為了拿獎金吧？是不是拿了也不知道該買什麼？」小琴撓撓頭說：「對啊，我能拿第一就很開心了。」說著就把錢拿出來交給爸爸，爸爸微笑著收起來說道：「小琴真懂事，爸爸就喜歡熱愛學習的孩子，改天帶你去遊樂園，一學期結束了要放鬆呀。」小琴興高采烈地回應：「好呀，等我這兩天把作業寫完，我們就一起去。」說著，便放下畫板，跑回自己的房間去寫作業了。

案例中，在媽媽拿出錢獎勵小琴之後，爸爸及時站出來正確引導了小琴，成功地讓小琴的注意力從錢身上轉移出來，保留了孩子最原始的好學之心。爸爸的這種行為非常值得每位家長學習。

對於孩子熱愛並擅長的事情，家長無需用錢來表達自己對孩子的讚賞，孩子對認可的需求要遠遠大於金錢。有時候，一句簡單溫馨的鼓勵所能帶給孩子的興奮往往比金錢要多得多。

定時定量地給孩子零用錢

家長在給予孩子零用錢時，應該做到定期、定量，讓孩子不會因為零用錢的不穩定而胡思亂想。除此之外，定期、定量給孩子零用錢就意味著一定時間內可供孩子支配的個人財產是固定的，這樣有助於孩子提升消費週期意識，也可以幫助孩子快速養成合理消費的好習慣。

梁先生的兒子過五歲生日的時候，梁先生和太太就決定開始給兒子零用錢，讓他從小就學習、了解如何花錢。

最開始的時候，他們就給兒子五塊、十塊錢，後來兒子慢慢長大，需要的零用錢多了，梁先生就和太太商量決定多給兒子一些零用錢，但是要控制在一個範圍內，同時，給兒子零用錢的時間也要固定下來。兒子上學後每週一次，一次五百元，是兩人一致認為可行的方案。剛實施的時候，梁先生有幾次看到兒子撒嬌央求多給點零用錢的時候，差點就沒忍住，但是一想到兒子可能就此習慣於毫無規律地索取零用錢，他就拒絕了。

在夫妻二人共同遵守約定的情況下，經過幾年的堅持，效果十分顯著。現在兒子不僅會按時領取定量的零用錢，尊重大家商議後共同確定的「零用錢條例」，還學會了做一個「理財小達人」。他平時除了買點零食之外幾乎沒有其他開銷，於是便把花剩下的錢都存進存錢筒，有大筆開支時用以「救急」。幾年下來，兒子的存錢筒越來越沉，每每看到兒子坐在床上擺弄自己的存錢筒和硬幣時，夫妻倆就有滿滿的成就感。

案例中，梁先生夫妻二人在一開始決定給孩子零用錢的時候，就制定好了相應的方案，讓定期、定量的零用錢在孩子心中形成固定意識，加上幾次撒嬌無果，孩子便接受了這種規則。同時，在這種規則下慢慢學會經營自己的財富，日積月累，慢慢培養起財商意識。

充分了解了孩子的日常開銷後，家長可以將零用錢週期化和定量化，這樣一來，零用錢在孩子的世界裡將只作為零用錢而存在。這樣做可以有效避免孩子將激勵與零用錢混淆，讓孩子明白零用錢是生活的一部分，而非自己表現優異換來的獎品。既保證了零用錢處理上的穩定性，又不會打擊孩子在其他感興趣的領域上的積極性。

引導孩子正確使用零用錢

作為家長，你是否關注過孩子零用錢的用處？是否在了解後給予過孩子一些建議和引導？相信很多家長的答案都會是否定的。事實上，出於對孩子的寵愛，家長往往將關注點放在了孩子的零用錢是否足夠，是否需要提前給零用錢或是增加零用錢上，反而很少有人會去詢問孩子是如何花掉零用錢的。其實，在零用錢如何支配的問題上也有大學問，良好的引導不僅可以讓孩子的零用錢用得有意義，還能夠培養孩子自立自制、樂於助人等優秀品德。

小安今年讀小學三年級，他的爸爸媽媽平時工作都很忙，基本上都是早出晚歸。除了一家人每天晚上可以坐在一起吃頓飯，每週按時給小安一些零用錢外，小安的日常起居都是由奶奶負責照顧。至於小安的零用錢怎麼花，爸爸媽媽覺得小安從小就很懂事，應該不會把錢花在什麼不正當的地方，所以就從來沒有問過他。

最近一段時間，爸爸媽媽發現小安晚飯吃得越來越少，有時候乾脆就不吃了。剛開始的時候，他們還以為小安哪裡不舒服。可在接下來的幾天裡，小安的厭食症狀越來越嚴重，經過詢問後才知道小安根本沒有生病，而是迷戀上了小零食。最開始的時候還只是偶爾買一包零食吃，後來乾脆把大部分零用錢都用來買零食了，所以越來越不愛吃飯，有時候零食吃多了，乾脆不吃晚飯。奶奶之前發現小安把零食帶回家裡，但是出於對孩子的溺愛，同時也怕被小安的爸爸媽媽知道後責怪小安，就只是簡單地說了兩句，叫他不要吃太多。事實證明，小安根本沒聽。聽了奶奶的話，爸爸說道：「媽，我知道您寵著小安，但是一碼歸一碼，您不能在這種事情上一直縱容他啊，您就算告訴了我們，難道我們還要教訓他嗎？我們肯定也會和他講道理的！」

和奶奶聊完的爸爸找到了妻子，交流一番後決定直接和小安談談。兩人來到小安的房間，開門見山地說：「小安，爸爸媽媽給你的零用錢最近是不是都被你拿來買零食了？」小安見狀，默默地點了點頭。兩人接著說：「爸爸媽媽這麼說，其實並沒有要責怪你的意思，畢竟零用錢是你自己的，你有權利決定怎麼使用。但是小安，你要想一想，你這麼用是否合理？每天三餐都是要按時吃的，你還在發育，那都是不能缺的營養啊！如果因為零食吃多了導致你沒有胃口吃飯，不僅會影響你的身體發育，而且長期下去你容易厭食，那後果得多嚴重啊！你覺得爸爸媽媽說得有道理嗎？」聽爸爸媽媽這樣說，小安似乎覺得之前是自己不對，於是向爸爸媽媽保證，以後少買零食，按時吃飯，用剩餘的錢去做自己感興趣的事情。爸爸媽媽聽後，欣慰地相視一笑。

案例中，小安將大量零用錢投入到零食開銷，直接導致他後來不吃晚飯。爸爸媽媽發現後並沒有急於責怪他，而是耐心地將其中的利弊講清楚，讓孩子在父母的引導下了解自己對零用錢處理的不恰當之處，並最終接受父母的建議。

小安爸爸媽媽的做法值得家長學習。在孩子出現類似情況時，要理性溝通，而非直接訓斥，否則很容易讓孩子產生叛逆心理。家長也不能對孩子放任自流，否則，當家長幡然醒悟時，孩子已經誤入歧途、漸行漸遠。

別把零用錢當作「小錢」

很多家長覺得給孩子的零用錢並沒有多少，所以孩子什麼時候要零用錢，家長就什麼時候給。其實，這種做法是大錯特錯的。如果不對孩子零用錢的去處做一定程度的了解和引導，孩子將會一直無頭緒地使用零用錢，不僅容易造成短期內零用錢使用不當，更會導致孩子日後難以合理理財。

明明今年十歲了，他不定時地就會從爸爸媽媽那裡得到零用錢，基本上都是用來買一些零食和玩具。爸爸媽媽工作比較忙，平時一家人在一起的時間很少，加上他們覺得孩子手裡的錢也沒多少，無法做什麼壞事，所以從來不問明明把錢花到哪裡去了。明明也是樂得如此，反正拿到錢想買什麼就買什麼，沒有了就再跟家裡要。一天，在班級的活動課上，老師在學生零用錢使用的問答中發現了明明的花錢問題後，就和明明的爸爸媽媽聯絡了。關於這方面的問題，他們表現得很輕鬆，對老師的疑惑也是答非所問，基本上一直在說明明的零用錢很少之類的話。無奈，老師的勸說行為只得作罷。

案例中，明明爸爸媽媽的做法顯然是不對的。他們只顧著給明明零用錢，卻沒有在零用錢的使用方面給予明明正確的指導。明明用零用錢買零食和玩具的行為無可非議，但是長期下去，明明會覺得零用錢就是用來做這些事情的，之後手裡再有錢，他首先想到的就是這兩件事情，對最起碼的其他用途都沒有概念，更遑論合理理財了。

雖然零用錢最好讓孩子自己支配，但是作為家長，教導孩子如何正確使用零用錢也是其責任所在。一個沒有人指導的孩子，如果一味地用零用錢來滿足自己的娛樂購買需求，那麼他將永遠無法學會理財。

◆讓孩子的零用錢支出更有意義

在零用錢問題上，家長在充分尊重孩子自主支配零用錢的前提下，可以有選擇性地詢問孩子的零用錢花在哪裡了，同時尋找適當的時機進行零用錢開銷引導，讓孩子的零用錢開銷更加多元化。可以讓孩子較早接觸理財，為日後打下基礎，還能藉此培養孩子優秀的品格。

默默的爸爸媽媽在她五歲的時候就開始給她零用錢，剛開始的時候不多，後來隨著默默年齡增長逐漸增加零用錢。在零用錢的使用上，爸爸媽媽將支配權完全交給默默，他們只是偶爾問問默默的零用錢使用情況，之後並不做過多干涉，每次都是微笑點頭。

在發現默默經常用零用錢買零食後，爸爸就和她說：「寶貝，買了這麼多零食，是不是在吃飯之前就吃飽了？」看到女兒點頭，他就繼續說道：「你經常吃零食會導致胃口不好，我們身體的營養大部分來源於一日三餐，你正在發育的時候，營養跟不上可不行，你說對吧？」女兒用力地點點頭。「那以後少買點零食，把省下來的錢存起來，做一些有意義的事情如何？」女兒爽快地答應了。

就這樣，在爸爸媽媽的正確引導下，默默的零用錢累積得越來越多。後來，在遇到捐款活動的時候，她還拿出自己的積蓄捐了五百元，得到了爸爸媽媽的表揚和鼓勵。平時遇到朋友需要幫助時，她也會毫不猶豫地將自己剩餘的零用錢借給他們，大家都很喜歡她。爸爸媽媽得知後很欣慰，同樣對她的行為大加讚賞。

案例中，默默的爸爸媽媽讓孩子自己決定零用錢的用處，同時又從側面詢問和指導，讓默默從一開始只知道把零用錢用來買零食，到後來在父母的幫助下，她學會了累積自己的財富。在遇到需要花錢的地方時，她會拿出自己的積蓄來開銷。不僅如此，她用零用錢捐款、幫助同學等，都有助於提高她的思想覺悟，培養她樂於助人的優秀品格。

從零用錢開始，教孩子學會理財

隨著生活水準的不斷提高，越來越多的家長開始選擇給孩子零用錢，讓他們初步體驗支配財產。家長給孩子零用錢，讓他們自己選擇使用方式，可以鍛鍊孩子的自主消費能力，讓他們更早地在心中對金錢形成概念性的認知。但是，家長關注過孩子的零用錢具體都是怎麼使用的嗎？

相信很多家長的答案都是否定的。他們給孩子零用錢，但是孩子的零用錢並沒有多少，他們就覺得沒有必要追問孩子拿錢做了什麼。因此，家長的關注點大多都是「最近孩子的零用錢夠不夠花」，而不是「孩子的零用錢都用在了哪裡」。

別把零用錢僅僅當作「零用錢」

大多數家長認為，只要控制好零用錢的數目，不讓孩子一次性擁有太多的財富，就可以避免孩子亂消費，所以給孩子零用錢只是控制好量，至於孩子怎麼花，並沒有關注太多。其實，這種想法是大錯特錯的。如果孩子連這麼一點錢都支配不好，那麼日後更大金額的金錢支配又該怎麼辦呢？家長不能將一切希望都放到「孩子長大了」、「孩子懂事了」等不實際的幻想中。

小輝從上了小學起，爸爸媽媽就開始給他零用錢，一段時間之後，零用錢領取時間固定了——每週一次。雖然已經領了好幾年的零用錢，但是在如何花這些零用錢上，小輝的想法似乎還是很簡單。在每次領完零用錢之後，幾乎在兩天之內，小輝就可以把所有零用錢花光，接下來的五天，他將度過沒有零用錢可用的「艱難時期」，等到下一週還是一樣。

小輝的爸爸媽媽曾經無意中得知小輝的這種花錢方式，不過他們並沒有說什麼，甚至有些不以為意，覺得等小輝再大一點這種情況就會消失。逢年過節親戚朋友相聚的時候，難免會聊到孩子。在得知小輝這種情況之後，親戚朋友中有不少人勸說他的爸爸媽媽，覺得這樣的花錢方式是不對的，應該適當地引導和教育孩子。但是夫妻二人對此毫無興趣，只是隨口應付著，也沒有什麼實際行動。

現在小輝已經讀國中了，可是對於零用錢的管理依然毫無想法，他覺得「有錢就花，沒錢等著」這種花錢方式沒什麼問題。

案例中，小輝的花錢方式顯然不夠科學，他的爸爸媽媽當然也知道這一點，但是他們覺得小輝年紀還小，所以就選擇暫時放任他。但是他們忽略了很重要的一點，那就是習慣的養成。他們對未來的寄託是不現實的，已經養成固定消費習慣的小輝想要改掉這種陋習是很難的。

如果給孩子零用錢只是為了短期內滿足他們小小的心願，那麼零用錢的價值就在被無限度地拉低。一個只知道零用錢是從家長那裡得到並用來買一些自己喜歡的東西的孩子，無論多少年過去，他們對零用錢的認知都會停滯不前。

◆讓孩子學會規劃自己的零用錢開銷

家長在給孩子零用錢的同時，應該同步進行定期性詢問，看看孩子把這些錢花在了什麼地方，總結之後側面引導並給出自己的建議。

李麗的女兒今年十一歲了，經過幾年的零用錢給予和消費指導，現在她已經有了自己的一套消費理論，在如何支出零用錢的問題上幾乎不再需要爸爸媽媽操心了。

在決定開始給孩子零用錢時，李麗就和丈夫商議要看看女兒拿錢來買什麼東西。最初，不出二人所料，女兒的開銷基本都是在零食上，於是李麗就抽空和女兒說：「寶貝，你想不想要娃娃和玩具呀？」女兒點頭。於是李麗接著說：「可是你自己沒有剩餘的錢去買啊，是吧？」女兒：「是的，媽媽，我該怎麼辦呢？」李麗見狀，微笑著說道：「你看，你每次都把零用錢用在零食上，自然就沒錢去買娃娃，那如果能夠減少一些零食上的開銷，然後自己再存一存，是不是就可以用省下來的錢買娃娃呢？如果還是不夠，那我們就再減少一點零食購買，再多存一存，錢到最後肯定會夠用的，你覺得媽媽說得對嗎？」女兒：「媽媽，可是我想吃零食怎麼辦？」李麗：「那就要看你是更想吃零食還是更想要娃娃了，錢就這麼多，總要有取捨的！」最終，女兒接受了媽媽的建議。

就這樣，在之後的日子裡，一旦發現女兒在消費上出現了什麼問題，李麗就用相同的方式教育女兒。隨著女兒越來越大，對媽媽的話理解得也就越來越多，逐漸學會了合理規劃使用自己的零用錢，一步步踏上「理財小能人」的養成之路。

案例中，李麗不僅給女兒零用錢，還高度重視女兒的開銷情況。在遇到她覺得不妥的地方時，沒有糾正和斥責女兒，而是採取一種間接的方式來提示女兒這樣做不對。等到女兒漸漸成長起來，對媽媽的話不再局限於剛開始的選擇題，而是懂得整體規劃、合理開銷，長期的財商教育成果初步顯現出來。

透過給予孩子定量的零用錢，讓他在自己想做的諸多事情中選擇最迫切的來完成，這在無形當中提高了孩子合理消費的意識。到後來，孩子將不再僅僅思考自己所求的迫切性，而是思考商品的價值。漸漸地，孩子會透過克制消費完成財產的累積，規劃自己的消費來提升自己的消費價值，也將在心中初步形成有關理財的自己的「小理論」。這都是家長多次循循善誘，才能達到的效果。

第七章 遠離拜金‧‧培養孩子理性價值觀

適當以「貧窮」教育孩子

一直以來，貧窮二字被冠以的內容都是缺失、匱乏，每個人都在竭力遠離它，不想與它有一點關係。對於孩子而言，在他的成長過程中，讓孩子適度體會「貧窮」，有利於其日後的健康成長。

如今的孩子都是在「蜜罐」裡「泡」大的，更不知道何為「貧窮」，只知道茶來伸手、飯來張口，只知道比較車子、比較房子、比較父母。如果家長沒有及時進行引導，不讓孩子知道何為「鋤禾日當午，汗滴禾下土」，孩子就不會真正理解一粒米飯來得有多珍貴，也不能養成勤儉節約的習慣。

小瓊家境富裕，從小到大吃得好、用得好，接觸到的人也都是有錢人。在小瓊看來，世界就是這個樣子，換新從來不是等東西用壞了換，而是趕潮流，吃的、用的都要當下最好的。但到奶奶家就不一樣了，小瓊每次都覺得奶奶說的是「繁文」。奶奶是從貧苦年代過來的，看到小瓊對食物不在意，吃不完就扔掉時不免要「囉唆」兩句。

「奶奶說的那些是真事嗎？還有這樣窮的日子？再說了，就算是真事，這都什麼年代了，還要穿破衣服、啃番薯嗎？那時代不倒退了嗎？」每次奶奶的苦口婆心換來的都是小瓊嗤之以鼻的質疑與反感。

案例中，奶奶看不慣小瓊不知節儉的行為，憂慮小瓊體會不到今天的幸福生活來之不易，也不知今天的生活從哪裡而來。而小瓊也讀不懂奶奶的苦口婆心，反感奶奶「老掉牙」的橋段，固執地認為奶奶是在編故事騙自己。小瓊與奶奶間的矛盾是小瓊沒有親身經歷過物質貧乏的年代，從出生起就沒有餓過肚子，更不知奶奶說的那種「老掉牙」的艱苦歲月。

自古「窮人家的孩子早當家」，在對於孩子的「貧窮」教育上，家長不妨先讓孩子接觸「貧窮」，再讓孩子體驗「貧窮」。說教式的教育對於現在這些早已經歷過「小風小浪」的孩子來說已經無濟於事，不妨來點「新鮮」的教育方法，讓孩子們目睹並真實經歷那些貧苦人的生活方式。這樣才會讓孩子有真切的感受，才會懂得珍惜當下的生活，才會真正做到勤儉節約。

讓孩子接觸「貧窮」

如果一味地對孩子說要節儉、要奮鬥，孩子會反感，家長不如讓孩子去面對貧窮，真正意識到貧富差距，孩子才會從心底感知到生活的美好。

楠楠今年十五歲了，隨著年齡的增長，花錢也在不斷「加速」。雖然楠楠還是個孩子，但他卻總想著貪圖安逸，心中沒有大的抱負；總想好吃懶做，不好好上學，覺得逃課才酷。總之，家長想要的好孩子模樣，楠楠一樣都不具備。

看著自己一手教出的孩子長成這樣，爸爸焦慮不已，心急如焚。一天吃過早飯，爸爸對楠楠說：「兒子，爸爸今天帶你去老爸工廠參觀參觀。」出門時，爸爸也沒有帶車鑰匙，而是帶著楠楠去擠公車，看著楠楠略帶嫌棄的眼神，爸爸沒有說話。到了工廠，看著滿是灰塵的廠房，工人們正在加班工作，身旁的爸爸也換好工裝，在一旁指導起來。塵土飛揚的廠房，工人們高強度的工作，震撼了楠楠，耳邊不覺響起爸爸那些老生常談的話語，賺錢不易，美好生活得來不易。楠楠瞬間有了一種罪惡感，眼前的一幕和自己平時生活的樣子形成反差，他深深體悟到了爸爸的用心良苦，更知道原來貧富之間有這麼大的差別，懂得要知足與珍惜。

在家長眼裡，愛孩子就要把最好的給他，但如果沒有正確的引導，孩子就會如楠楠一般，越長大越能花錢，也越不知奮鬥。最後，家長的寵愛變成了深深的焦慮。

只有做家長的能及時察覺到這一點，在平時的生活中，讓孩子偶爾嘗嘗「苦」，不要被「蜜糖生活」矇蔽了雙眼，孩子才會珍惜當下的生活，也不忘感激家長的養育之恩。

✦ 讓孩子體驗「貧窮」

「紙上得來終覺淺，絕知此事要躬行。」對於孩子的教育也是一樣，每天千篇一律地對孩子說要節儉，不僅孩子聽不進去，可能家長都要說煩了。不如，爸爸媽媽用個「苦肉計」，讓孩子身臨其境，真正吃吃貧窮的苦。

大冰的媽媽深諳孩子的教育之道，尤其是在貧富方面的教育上更是有獨到的方式。大冰和其他小朋友一樣卻也不一樣，大冰不像其他小朋友一樣，向媽媽要這個、要那個，對平日裡穿的衣服也不挑不揀，用品、玩具也不會天天嚷著要新的。大冰既不和小朋友比較，也懂得珍惜父母給予的好生活。大冰媽媽的朋友都羨慕她有個聽話、懂事、勤儉的好孩子，大冰媽媽笑著回應說：「好孩子都是教育出來的。」

原來，每到寒、暑假大冰沒有像其他小朋友一樣「吃喝玩樂」，而是到鄉下奶奶家「受罪」。假期開始，媽媽就帶著大冰體驗不同於以往的生活。到了奶奶家，媽媽和大冰換上工作的衣服，每天日出而作，和爺爺一起去田裡除草，晚上拖著疲倦的身子回到家，吃著奶奶做的油花不多卻十分可口的飯菜。

自從大冰懂事起，每年寒、暑假，大冰和媽媽都會來奶奶家生活一陣子。大冰也由當初的不習慣到習慣再到後來喜歡鄉下的生活。每次回去上學，大冰都會和小朋友們分享在鄉下的快樂時光。

享受著城市生活的繁華，也喜歡純樸的鄉下生活中的安靜。正是因為這樣，大冰才沒有其他孩子驕縱、愛比較、愛炫富的毛病，這讓我們不得不為大冰媽媽按讚。不過分寵溺孩子，和孩子同甘共苦，平日裡媽媽會與孩子一起感受生活的苦樂，讓孩子在體悟到生活不易的同時也加深了母子情。

有的家長為了孩子上好的學校節衣縮食、含辛茹苦，拚盡全力想把最好的都給孩子；有的家長固執地認為，孩子要什麼，我都要滿足，這才是愛。正是因為家長這樣的行為方式，很多孩子只知道索取、享受，而忘記了奉獻和創造。家長一味地為孩子遮風擋雨，孩子只會喪失展翅飛翔的能力。

「平靜的海洋練不出精悍的水手，安逸的環境造不出時代的偉人。」給孩子穩定、富足的生活並不一定是對孩子真的好，想讓孩子早日成材，家長應該讓孩子品嘗生活的「苦」。

再有錢，也別讓孩子「炫富」

近年來，炫富事件層出不窮、有增無減。炫富這件事不分男女，不分老少，且未成年人正在成為「炫富團」的主力軍。

「再苦不能苦孩子，再窮不能窮教育。」這個根深蒂固的理念世代影響著家長的教育方式。多數家長縮衣節食、省吃儉用，而孩子則被捧得高高在上，茶來伸手、飯來張口，孩子要的東西家長都會全力滿足，對孩子好的，都要爭取。

其實繞來繞去，家長給予孩子的滿足、奉獻，除了物質就是讀書，卻忽略了影響孩子健康成長的重要教育——德行。在孩子的成長過程中，沒有樹立正確的價值觀、人生觀，孩子未來的旅程將會是荊棘遍布。

男孩炫富被打，女孩追星炫富，孩子產生這種扭曲的心理和行為，家長有著不可推卸的責任。一味地滿足孩子的要求，導致孩子恃寵而驕，虛榮心蔓延，才會去過度炫耀自己。

有一名九歲女孩，自稱是二十一世紀最年輕的炫富者，吸引著眾多網友的眼球。現今，她的社交帳號已經有一百四十萬關注者，每個影片的點閱率都高達百萬。影片中的女孩滿嘴髒話，口無遮攔，生活日常就是不斷晒自己的豪宅、豪車、名包、名錶。在自己炫富的同時，還「攻擊」圍觀的網友是「窮鬼」，聲稱「這個馬桶都比你的房租貴」，「我喝的酒就足夠支付你們的大學學費了」……造成了十分惡劣的影響。

小女孩的行為令人髮指，在感嘆之餘，很多網友評論說：「這小女孩欠教育吧，她的父母去哪了?」、「為什麼不對她多加管教?」是的，一個小女孩去哪賺這麼多錢?小女孩價值觀扭曲，家長有不可推卸的責任，怎樣的家庭教育才能教出有這些粗暴、直接的行為的孩子。

人的觀念、標準，深受家長影響，並根植於腦海，孩子一些誇張、過分的炫富行為，究其根源是家長教育的缺失。在一定程度上，孩子的價值觀就在詮釋家長的價值觀，家長的價值觀直接影響著孩子未來的發展方向。

糾正孩子扭曲的價值觀

對於孩子的心理變化，家長應該見微知著，如培育小樹一般，如果發現旁枝別葉，應該及時修剪。

為了讓小琦有個好的學習環境，從小學起，媽媽就送小琦到私立學校讀書。轉眼，小琦上三年級了，也漸漸懂事了。一天放學回家，小琦問媽媽：「媽媽，我們家是做什麼生意的？一年能賺多少錢？我們家有幾棟樓？」媽媽狐疑地問：「你問這個做什麼？」「是我們同學私下討論，今天有個同學問我，我答不上來，我同學家都好厲害，琳琳說她爸是做貿易生意的，家裡有好幾輛車，一週每天開的都不一樣。媽媽，爸爸為什麼每次都開同一輛車呢？」看著小琦興致勃勃地說著，媽媽心裡感到一陣不安。

孩子們平時怎麼比較這個，這麼小就開始炫富，互相比較家裡的房子、車、生意。和小琦說完話後，媽媽帶著一肚子的疑問，在查閱了網路上的相關資料後，被網路上一些孩子炫富的影片嚇到了。同時，也不由得擔心起小琦，心想，一定要把小琦這種不正確的觀念「扼殺在搖籃中」。

等第二天放學回家時，爸爸果然換了一輛車去接小琦，不過這輛車還不如爸爸之前開的車好呢。回到家，家裡的擺設、爸爸媽媽穿的衣服也都變了，變得很普通。看著小琦詫異的眼神，媽媽對小琦說：「那天，你問媽媽的話，現在媽媽回答你。我們家做的是普通生意，只有一輛普通的車，也只有一套普通的套房，但這些都不重要，也與你無關，我們家貧窮或富有都是爸爸媽媽創造的，你想要的東西需要你自己好好讀書，有能力了自己去創造。」

小琦聽後，若有所思地回答著：「我知道了，媽媽，現在我要去讀書了！」

案例中，有一個聰明又負責的媽媽是小琦的幸運，如果第一次小琦問媽媽這些問題，媽媽如實地回答了她，小琦就會覺得家裡也有一定的資本，漸漸地也會加入同學比較的大軍中。當炫富成為一種習慣，小琦的精力就會被分散，這也就與媽媽當初送小琦去私立學校的初衷相悖。

現在很多孩子雖然年齡小，但比較和炫富的欲望卻特別強，這對孩子的成長是非常不利的。當孩子有炫富傾向時，家長應該在第一時間糾正，並進行正確的引導。同時，家長是否該自我檢討，為什麼有錢人家的孩子就一定要炫富呢？事實上，真正有教養的家長教出來的孩子更加樸實純真，這才是真正的有錢人。

有教養的孩子才是最高級的炫富

「窮養富養，不如教養」，有教養的孩子才是最高級的炫富。家長培養出有教養的孩子，才是擁有最大的財富。

班上有位同學，平日習慣穿一件長款黑色大衣，配白色球鞋。乍一看，她就是一個假小子，每天和同學們一起上下學，一起吃午飯，成績中等，不愛說話，是很容易被忽略的同學。

一次，班裡一位同學得了白血病住院，因為家庭條件一般，學校便呼籲同學捐款獻愛心。但就在募捐的第二天，有人悄悄地把得病同學的醫藥費交了，打聽之後才知道，正是這位黑衣女孩「行俠仗義」。再一細究，原來這個普通的黑衣女孩是一個富二代。但是在日常生活中，同學們怎麼也不會把普通的黑衣女孩與富二代連繫在一起，真是改變了同學們對富二代的一貫看法。

身分曝光的黑衣女孩還和往常一樣，不談父母、不談家庭，一如既往地穿著最愛的黑色大衣，與同學們分享每天學習中的簡單的快樂。只是誰有困難，她依然會不求回報、盡自己所能去幫忙。

不驕不躁不宣揚，或許很多人都會驚愕於黑衣女孩的家庭條件，但她在富有下卻保持著最樸實的自己，這才是真正的富有。

只有空囊的麥穗會滿空飛舞，低下頭來的麥穗都是飽滿充盈。有良好的教養的人就像陽光，帶給人溫暖和幸福，相處起來讓人覺得舒服，自然很容易贏得別人的認可和尊重。聰明的家長與其擔心孩子會炫富、比較，不如讓「好教養」與孩子如影隨形。因為真正的高貴不是出身，而是教養。

富有是每個人追求的生活狀態，但是如果孩子只知道用家長給予的財富去炫耀、比較，不知自我提升、不知進退、不知感恩，那這份財富對於孩子來說就是劑毒藥。它正在毒害著孩子的心靈，也讓孩子的前途變得渺茫。合格的家長既是「修剪師」，也是「領路人」，修剪著孩子成長過程中的私心雜念，引導著孩子去尋找屬於自己的光明之路。

金錢並不是獎勵孩子的最好選擇

為了激勵孩子好好學習，為了讓孩子懂事聽話，為了讓孩子更早獨立，家長最常用的方式都是什麼呢?最直接、簡單、粗暴有效的方式就是獎勵金錢。

毋庸置疑，家長、老師工作的動機多半是獲得金錢，要養家糊口，用金錢來鼓勵孩子也是屢試不爽。有物質刺激時，孩子不論是在學習還是生活自理方面都會有顯著的進步。

事實上，很多事情證明，金錢獎勵不過是飲鴆止渴。隨著孩子不斷長大，少量的金錢已經滿足不了孩子的要求，有一天沒有金錢獎勵這個拐杖時，孩子還會有主動學習的求知欲嗎？孩子長大後對金錢還能有正確的認知嗎？

一個老頭，每天都會到公園散步。一天，一群孩子發現了這個安靜的可以踢足球的好地方，習慣了安靜的老頭，對此很是煩惱。後來，老頭想了一個辦法，他把孩子們叫到面前說：

「為了讓你們好好踢球，每天你們來到這裡，爺爺就會獎勵你們錢。」第一天，老頭信守承諾，每人獎勵了五十元，孩子們比往常踢得更起勁了；第二天，孩子們如約而至，而老頭只獎勵了孩子們每人二十元，孩子們雖然沒有了第一天的熱情，但也都認真地踢著球；第三天，孩子們依舊一個不少地來了，但老頭沒有給任何獎勵，只是讓孩子們好好踢。孩子們一看獎勵沒了，踢球的興致也就沒了，一哄而散，後來也就沒有孩子來公園踢球了。

老頭的難題很快解決了，他又可以一個人享受公園的安靜了。

案例中，孩子們來到公園踢球是為了快樂而踢，老頭的高明之處在於透過物質獎勵，讓孩子們為了錢而踢。隨著錢一天比一天少了，孩子們逐漸消極，到後來沒錢了，孩子們自然沒有了踢球的動力，甚至已經忘記當初來公園踢球的原因了。

小故事很好地詮釋了一個道理，用金錢獎勵孩子並不是最好的選擇。然而很多時候，老師、家長都成了那個老頭。在學校裡，老師用名次、成績激勵著孩子努力向前；在家裡，家長用玩具、衣服、吃喝鼓勵孩子好好表現。他們這樣做的初衷是好的，是希望孩子考出好成績，希望孩子成材，但刺激的方式卻有待商榷。假如有一天激勵的方式沒有了，孩子還會聽話，繼續努力奔跑嗎？

金錢獎勵弊端多多

有人說金錢是天使；有人說金錢是魔鬼；有人說金錢是通行證；有人說金錢是絆腳石，然而金錢本身並沒有什麼模樣，不過是人們賦予了它角色，替它貼了標籤。在對孩子的金錢教育上，首先家長應該意識到金錢與孩子間應該保持的距離，及時察覺到用金錢獎勵孩子帶來的弊端。

小陳同學家裡的教育充斥著資本家的味道，從小陳懂事起，只要家裡用得到小陳的地方，都會給出相應的金錢獎勵。從學習到家務，按照事情的大小、輕重，來計算酬勞，現在已經有明確的價碼。小陳的爸爸媽媽很喜歡這種金錢獎勵的方式，既不用操心，孩子做事也有動力。

一次，小陳在爸爸媽媽的鼓動下，報名參加了一個知識競賽，競賽的獎勵分別是一等獎五千元，二等獎三千元。小陳為了得到這一筆金錢獎勵，開始努力地學習競賽知識。

終於到了競賽的這一天，爸爸媽媽對小陳說：「你要加油，你贏了，爸爸媽媽就會給你獎金。」小陳聽了十分開心，憑藉在知識競賽中的優異表現，他如願拿到了讓他心動的獎金。最後，主持人分別問了每個參賽的小朋友一個問題，主持人說：「你們來參賽的目的是什麼？」問到小陳時，小陳很自豪地脫口而出：「我是為了錢參加的。」

小陳的回答讓在場的很多老師、家長都愕然了，很明顯，小陳的回答是發自內心的。小陳的爸爸媽媽更是感覺挨了當頭一棒，他們瞬間察覺到自己多年來用金錢獎勵孩子的辦法實則是害了孩子。如果說這項知識競賽的獎勵不是金錢，小陳根本不會來參加。多年的金錢獎勵，在小陳心裡樹立了一個萬事以金錢為導向的目標。

使用金錢獎勵會造成一種心理暗示，使孩子對做好一件事的本身意義不明確，認為「錢」才是他做事的終極目的。在這種功利心的驅使下，孩子容易認為：有錢可以做很多自己喜歡的事情，錢才是做事的動力。

◆激發孩子前進的內在動力

你永遠無法喚醒一個裝睡的人，除非他自己願意醒來。在孩子的教育上，要讓孩子持久有動力地去做一件事，只有充分調動孩子內心的積極性和主動性，孩子才能步入健康成長的軌道。

今天周日，源源很開心，她又可以和爸爸媽媽一起到兒童福利中心照顧小朋友了。原來，源源的爸爸媽媽都是志願者，兩人也是在幫助他人的過程中相識相知的。源源自懂事起，就成了一位小小志願者，每週日都和爸爸媽媽一起去照顧老人、照看孩子。在與需要照顧、需要幫助的人的接觸中，源源越來越懂事，也越來越懂得生命的可貴。

一次，與小朋友約好了週日見面，可是到了那天，源源卻怎麼也沒等到這個小朋友。原來，這個小朋友先天性心臟病發作，沒搶救過來，離開了人世。聽到這個消息，源源震驚了，十分接受不了這件事，上週他們還玩得好好的，這週怎麼就不在了。

回到家中，等源源情緒好些時，媽媽抱住源源並向她娓娓道來生命的珍貴與脆弱。或許，在源源這麼小的時候就告訴她，會很殘酷。但在這些生死離別、生老病死、天災人禍的震撼中，源源也更加珍惜生命、珍愛生活。

因為源源看到了有些小朋友缺衣少食，所以對接觸到的每樣東西都格外愛惜；她知道很多小朋友上不起學，所以倍加珍惜每次學習機會。

案例中，源源在學習和生活上，爸爸媽媽沒有為源源操過一次心，源源的表現總讓爸爸媽媽引以為傲。只因他們做好了一件事，那就是帶著孩子在活動中感受生活、感受人生。活動結束後，他們引用一些具有道德或價值觀內涵的事情來細心教育、引導孩子，自會在孩子心中不斷發酵，留下深刻的印記。

在孩子的成長過程中，必要的時刻應給予他內心足夠的震撼，以喚醒他的內在動力。先勾起孩子做事的興趣，再去予以教授，會有事半功倍的效果。

孩子成長、成材的道路上，如果一味地透過金錢、物質來刺激孩子奔跑，漸漸地孩子會失去目標與方向，也會只以功利心去做事。聰明的家長應該懂得去激發孩子的內在動力，讓孩子知道自己在做什麼、為什麼去做，確定目標才會加速奔跑。

讓孩子遠離拜金主義

孩子的成長離不開父母的陪伴，每一對父母都希望自己的孩子長大後是行為得體、事業成功的人。很多家長小時候都吃過苦，從艱難的時期一步一步走到了富裕的生活，所以他們都想讓孩子從小過得富足，會傾盡所能把最好的東西給孩子。但是家長需要注意，千萬不要因為想讓孩子過富足的生活而讓孩子形成「拜金」的思想。

鳴笛的學校舉辦了一次小學生旅遊活動，鳴笛參加完之後顯得有些悶悶不樂，鳴笛的媽媽看到了之後就問：「兒子，為什麼去旅遊了還不開心？」鳴笛說：「好多同學都拿著相機和手機對著風景拍照，或是互相拍照留影，而我手裡只有一個不能拍照的老人機。」鳴笛的媽媽聽到之後，當時就衝著鳴笛的爸爸大聲喊：「嫁給你我算是倒了楣了，現在連孩子都得跟著你受罪，沒錢沒勢力，孩子也會被人看不起。」隨後又轉頭對鳴笛說：「兒子，你長大了一定要賺大錢，要多跟有錢人家的孩子交朋友，不要像你爸爸一樣，只有你將來有錢了，別人才會敬你、怕你。明天媽媽先帶你去買手機，你在學校裡要像有錢人家的孩子一樣，這樣才能更好地和他們交朋友。」

案例中，鳴笛的媽媽是典型的拜金主義者。當孩子對生活條件以及物質環境產生疑問時，她的第一反應是去抱怨孩子的爸爸，然後用物質去滿足孩子，向孩子傳遞的是一種扭曲的人生觀和價值觀，對於孩子未來的成長是十分不利的。

孩子長大後的性格和行為方式，相當程度上源於家長的教育。家長對孩子潛移默化的影響是十分深遠的，在日常生活中對事情的看法，往往會成為孩子處理類似事情的標竿。家長一定要對自己的行為方式慎之又慎，爭取為孩子樹立良好的榜樣，讓孩子的未來有良性的發展。

✦讓孩子知道錢是怎麼來的

孩子的自我判斷力是比較差的，他們會以家長的行為表現為學習對象，很容易受到周圍環境的影響。家長應該正確引導孩子對待金錢的態度，並讓孩子知道，只有透過自己的努力賺取財富才是光榮的。

春節過後，孩子們總喜歡討論過節收了多少壓歲錢，有的幾千、有的上萬，但糖糖每次聽到同學們討論這些話題都會顯得十分沉默。有一次，糖糖實在忍不住了就問媽媽：「為什麼別人都有壓歲錢，我卻沒有，以後別人給我壓歲錢的時候，你別攔著了，我也要壓歲錢。」糖糖的媽媽聽到糖糖的話，微微一笑說道：「糖糖，我問你一個問題，你的同學有多少壓歲錢，或者別人給了你多少壓歲錢，和你們有什麼關係？錢是你們自己賺來的嗎？別人給壓歲錢，我們要還回去更多的壓歲錢，這只不過是增加大人的負擔罷了，有什麼意義呢？如果你有本事，就要靠自己的努力去賺錢呀。」糖糖聽了媽媽的話後，再遇到別人炫耀壓歲錢的情況總會不屑一顧地說：「有什麼了不起的，又不是你自己賺的，我從來不稀罕別人給的壓歲錢，因為我將來要靠自己賺很多很多錢。」

案例中，糖糖媽媽並沒有直接回答孩子的問題，而是以反問的方式教導孩子，要透過自己的努力去賺錢，不要盲目地追求金錢的多少，而忘記自己的職責與任務。

家長在教育孩子的過程中，要不斷地幫助他們樹立自信和遠大的目標，並教導他們要學會改變命運。想要獲得財富，就要透過自己的努力去爭取創造；要想過上理想的生活，就要把眼光放長遠。不要隨便盲目崇拜有錢人，要放寬胸懷，才能不斷進步。

要讓孩子懂得感恩，不因金錢而迷失自我

家長在培養孩子時，要讓孩子懂得珍惜和感恩，要樹立起金錢來之不易、不能隨意揮霍的觀念，更加不能成為為富不仁的人。在當今的社會環境下，人們的生活相對富足，加上孩子從來不愁吃穿，所以家長要注重孩子德行和財商方面的培養，不能讓孩子產生過多

的優越感。

很多時候，家長會認為錢對於孩子來說是比較敏感的話題，但這並不代表家長不能和孩子討論關於錢的問題，要以開放的態度和孩子交流，清楚孩子的想法、觀念並加以正確地引導鼓勵。

一航的爸爸經常對一航講一些「拾金不昧」、「君子愛財，取之有道」的道理，一航也經常和爸爸討論新聞上看到的名人和名人事蹟。一航常和爸爸說，他十分羨慕比爾蓋茲，因為他不但有才能，還十分有錢。一航經常掛在嘴邊的一句話是：爸爸我要怎麼樣才能像比爾蓋茲一樣有錢。爸爸每次聽到兒子這樣問，都會對一航說：「兒子，只要你肯努力，一定可以成為你想要成為的人。不過，你現在不應該考慮變成他那樣的人，你要把學習放在首位，將自己變成一個十分有才華、有能力的人，只要專注、努力地去做了，你一定會成功的。」這個時候，一航瞇著眼睛問爸爸：「到了那個時候我是不是就很有錢了？」爸爸問：「兒子，你有了錢會做什麼？」一航十分響亮地回答：「我要帶著爸爸媽媽去環遊世界，在路上不斷地幫助別人，像爸爸一直和我說的那樣，變成一個不但能夠為社會做貢獻，而且能夠回饋社會、幫助別人的人。」

案例中，一航的爸爸以正能量思想教育孩子，並且正確地引導孩子運用金錢，完全不會迴避和孩子談論這樣的話題。在這樣的教育方式下，孩子會大膽地表達出自己內心的真實想法，便於家長進行糾正和引導。

孩子總會有各式各樣的想法，有的想法在家長看來是不切實際的，甚至是不務正業，但家長一定要引導孩子說出來產生想法的原因，這樣才能更好地根據孩子的思維方式進行教導。

教育孩子馬虎不得，不但要預防孩子產生拜金思想，還要不斷地引導孩子，讓孩子有機會透過自己的雙手努力賺錢，讓孩子的未來能夠充滿光明。

讓孩子學會獨立

在家長心中，孩子永遠是孩子，孩子永遠需要家長為他遮風擋雨、披荊斬棘。很多家長捨不得孩子吃一點苦、受一點累，害怕孩子頂不住吹來的狂風，擔心孩子承受不了襲來的大雨。很多時候，家長除了想方設法地為孩子籌謀外，甚至會代勞。

家長疼愛孩子無可非議，但是一定要讓孩子在不同的年齡層學會自己該做的事情，只有這樣，孩子才能在每一個成長階段獲得新的知識和提升，才能讓孩子有更好的人生旅途。

周周自從出生以來，她的爸爸媽媽就很疼愛她。到了周周會吃飯的時候，媽媽從來不讓周周自己動手吃，每次都是跑著餵；周周學走路的時候，爸爸怕她摔倒，每天都陪在周周身邊扶著她走；周周想自己穿衣服和鞋子的時候，每次剛拿起來，爸爸媽媽就跑過來幫她穿好。在周周的爸爸媽媽眼裡，周周只是個三歲的小孩子，這些事情他們都可以幫周周完成，這樣才能表達出自己對孩子的呵護和愛。

有一天，周周的爸爸媽媽要帶周周去奶奶家，在將周周的裙子拿出來後，爸爸媽媽就去收拾東西，但是當他們收拾好了之後，發現周周依然坐在床邊，連襪子都沒有穿。媽媽忍不住問周周：「寶貝，你怎麼不自己把衣服穿上？」周周看了一眼媽媽，大聲說道：「你們做什麼去了，為什麼不過來幫我穿衣服？」爸爸媽媽當時就呆住了，因為周周已經差不多四歲了，完全可以自己穿衣服，現在卻反過來質問他們，這讓一直疼愛周周的爸爸媽媽不知道如何是好，也不知道到底錯在了哪裡。

案例中，周周的爸爸媽媽一直在為周周「代勞」本該由周周自己承擔的任務，讓周周認為自己的一切事情都會有人幫著做，而自己只需要坐在那裡等著就可以了。這種不獨立的習慣是周周的爸爸媽媽使她養成的，對於周周日後產生的影響也十分深遠。

在現實生活中，家長往往會覺得孩子年紀太小，就為其代勞一些事情，但是這對於孩子鍛鍊動手實踐能力是很大的阻礙，會讓孩子在成長過程中失去獨立自主的特質。孩子什麼也不做或者只能做很少的事情，很難讓孩子形成獨立性，家長應該鼓勵孩子獨立完成自己的事情，這樣才有助於孩子未來的成長和發展。

適當放手，讓孩子學會獨立

獨立的思想會支配獨立的行為，家長應該在生活中培養孩子的獨立性。家長要不斷地引導孩子，既不能完全包辦，也不能完全放手，要給孩子表達和表現自己的機會，並且適當地進行鼓勵和教導，不能過多地幫助和指責孩子。

妞妞到了上幼稚園的年紀，爸爸媽媽商量著送妞妞到幼兒園上學。幼稚園開學的時候，妞妞的爸爸媽媽一起去送妞妞。在幼稚園的門口，有很多家長來送孩子上學，有的孩子在玩耍；有的孩子被媽媽抱在懷裡；還有的孩子在哭鬧。妞妞牽著媽媽的手走進了幼兒園，家長和老師看到不哭鬧，且自己走路來的妞妞，十分驚奇，紛紛向妞妞的爸爸請教育兒經。原來，在家裡的時候，妞妞的爸爸媽媽就特意培養妞妞自己動手的能力，自己吃飯、自己穿衣服、自己洗衣服、自己收拾玩具，一旦妞妞有了自己的想法，爸爸媽媽的第一反應就是支持妞妞。只要是妞妞感興趣並且沒有太大危險的事，他們都會鼓勵妞妞自己去做，這也就養成了妞妞獨立自主的生活習慣，即使爸爸媽媽不在身邊也完全不用擔心。

案例中，妞妞的爸爸媽媽不但讓妞妞「自己的事情自己做」，而且會尊重妞妞的想法並鼓勵她的行為，這對於培養孩子的自理能力和獨立意識是十分必要的。家長要讓孩子知道對自己的行為、生活負責，從小就進行獨立自主的教育是孩子長大後獨立面對生活的最佳助力。

富蘭克林說過：「人類一生的工作，無論精巧還是粗劣，都由他的每一個習慣所決定。」從小就培養孩子的獨立性，對於孩子未來的成長發展和幸福生活是無比重要的。孩子的自主能力決定了他的天性，獨立性強的人自我調節能力也強，孩子會因此變得更加有主見。家長都要知道，對於孩子只能包辦一時，不能包辦一世，要以不變的耐性和愛護去支持孩子，而不是任何事情都為他代勞。

✦ 比學習知識更重要的是讓孩子有獨立自主能力

很多家長認為，對於孩子的家庭教育就是要提升孩子的智力水準，所以孩子一定要贏在起跑點上。兩三歲讀唐詩宋詞，四五歲背英文單字，以後上學了要請家教、上輔導班，一定要以優異的成績考上好大學，將來才會出人頭地、才能成為有用之才。

但是對於孩子的教育來說，獨立自主的重要性大於學習知識。孩子有獨立自主的能力，必定會有突出的地方，不論是成績還是其他技能，但是只會讀書卻沒有自主性的孩子，未來的生存必定會受到社會的巨大挑戰。

王碩是一名剛畢業的師範生，畢業後他進入了一所小學任教。有一天放學的時候，王碩將孩子們送到校門口，看著大部分家長都把孩子接走了，只剩一個七歲的男孩沒有人來接他。王碩準備打電話給孩子的媽媽，但是這個男孩卻說：「老師，您不用打電話了，我媽媽說今天不來接我了，讓我自己回家，您放心吧，沒事的。」於是，王碩耐心地告訴孩子該怎麼走、怎麼過馬路、如何注意安全。雖然這個孩子的家離學校不過十分鐘路程，但是王碩依然很擔心，便打電話給孩子的媽媽。孩子的媽媽告訴王碩，其實她就在不遠的地方偷偷地看著孩子，為了讓他能夠獨立自主，就必須讓他在經歷中成長，父母不可能一輩子陪伴著他。

案例中，媽媽對孩子的教育可謂是用心良苦。為了讓孩子能夠自我成長，養成獨立自主的性格，孩子成長過程中的習慣和獨立性的鍛鍊一定不能少，只有真正學會了生活上的自理，才能夠獨立面對生活中出現的種種問題，才能夠更好地學習各項知識、技能。

在孩子學習的過程中，成績的提升是家長十分關注的事情，但是相較於孩子未來的發展，孩子成為一個有主見、能獨立的人，才能好好地控制自己的學習，成績也一定會獲得很好的提升。

對於成長中的孩子來說，家長要學會培養孩子，讓孩子的行為變成習慣，讓孩子的習慣造就他獨立自主的性格，讓獨立自主的性格成為孩子收獲人生的助力。孩子終將獨立面對世界，請家長讓孩子學會獨立。

第八章 理性理財：讓孩子成為消費高手

讓孩子擁有正確的消費觀念

隨著孩子慢慢長大，他們知道了花錢消費，從壓歲錢到零用錢，再從零用錢到更多的錢。家長就應該幫助孩子養成合理的消費觀，這對孩子日後的生活大有裨益。

孩子消費觀的養成，與家長的正確引導不可分割。在日常生活中，家長應該教導孩子樹立正確的觀念，讓孩子知道現實生活的不易，並養成勤儉節約的消費觀念。

有一天吃完晚飯後，媽媽帶著曉琪去超市買水果。買完水果經過玩具區時，曉琪拉著媽媽說：「媽媽，媽媽，我想玩一下子。」可是玩著玩著，她就向媽媽要新款的娃娃玩具。

媽媽說：「前段時間，爸爸出差回來不是剛買了個玩具給你嗎？」

曉琪說：「這個是新款的，我同學昨天就買了，媽媽，我也想要一個。」

看曉琪這樣，如果直接說不買，曉琪一定會發脾氣。這時媽媽心生一計，說：「媽媽忘記了家裡那個是不是和這個一樣了，如果不是，我們再決定買不買，好不好？我們先回家看看。」曉琪點點頭答應了。

回到家媽媽一看，兩個玩具一樣，只是變了個動作。媽媽想著不能什麼事都由著孩子的性子來，必須要讓孩子知道什麼該買，什麼不該買，就和曉琪說：「這個玩具媽媽可以買給你，但如果過段時間又出了新的玩具是不是也要買回來？如果是這樣，我們以後就可以開玩具店賣玩具了。」

說完媽媽看了看曉琪，又接著說：「今天你同學新買了個玩具，我們跟著買；過幾天，你同學又新買個玩具，我們也要買回來。這樣和其他人比，是沒有止境的。寶貝，買東西要看自己需不需要，而不是別人有你就得有。今天花的是爸爸媽媽賺的錢，長大後就要花自己賺的錢，不論誰賺錢都是很辛苦的，要知道錢來得不易。」

曉琪聽後似懂非懂地點了點頭，嘟著嘴說：「媽媽，我有些明白了，下次不會這麼任性了。」

孩子是帶著一顆好奇心開始接觸外面的世界，在這個過程中，孩子的認知開始發生變化，家長在旁邊一定要見微知著。消費上，不能讓孩子養成隨便花錢、比較花錢的習慣，要是任由孩子這樣下去，長大後孩子的經濟狀況很可能是入不敷出。

✦理財也是合理消費的一部分

合理消費不能只停留在買東西上，要讓孩子知道錢的花法有很多種，比如可以投資、理財。

小勤的爸爸媽媽都是一般上班族，但小勤家住的卻是高級社區，這全都要感謝理財小能手——小勤的媽媽。因為媽媽善於理財，讓夫妻倆的薪資錢生錢，生出了四個人的薪資，甚至更多。對於小勤的教育，媽媽也在慢慢滲透這一點。

在開銷上，小勤早早地「繼承」了媽媽的優點，到商店、超市只買需要的物品，清單上沒有的東西就不看，避免過度消費。

小勤十歲時，媽媽說：「小勤長大了，媽媽跟你說，其實合理消費不只有計畫地買東西，還可以把錢拿去儲蓄、投資，這樣才會更有錢呀。」小勤一聽很興奮，想著錢還可以這樣消費，激動地說：「媽媽，快教教我吧。」媽媽見小勤這麼積極很高興：「那我們就先從儲蓄開始吧。比如，媽媽這個月給了你兩千元零用錢，你可以選擇都拿去消費，也可以像媽媽教你的，買了需要買的，留出一部分錢拿到銀行存起來。」聽了媽媽的話，小勤興奮地跳了起來：「我現在就去銀行。」

案例中，小勤的爸爸媽媽拿著上班族的薪資，住在高級社區，主要得益於媽媽會花錢、會理財、會消費。在小勤很小的時候，媽媽就有意教育小勤消費方面的觀念，相信小勤長大以後的生活也會過得富足。

如果讓孩子知道理財也是一種消費，孩子就會根據自己的情況進行選擇，同樣，當把一部分錢放到銀行後，相信孩子在消費上也會有所節制。

◆遠離打折、降價的消費陷阱

商家的打折促銷活動花樣百出，一不小心就會掉入陷阱，家長要教孩子練就「火眼金睛」，避免衝動消費。同時，也要讓孩子明白不是因為便宜就得買，而是因為需要才會買。

女兒團團從小由奶奶帶著，一起生活的時間長了，團團的生活習慣和奶奶十分相像。上小學後，團團才回到爸爸媽媽身邊，每天爸爸媽媽上班前，都會給團團一些零用錢，讓團團自己支配。一天，媽媽收拾團團的房間時，看到團團的櫃子裡堆滿了東西。仔細一看，不是玩具，再仔細一看，都是一些包裝不完整的零食，重要的是很多零食都快過期了。媽媽把團團叫過來問：「這些零食都是在哪裡買的呀？」

「超市，還有校園門口的福利社。」團團還自豪地說：「媽媽你看，你給我一天的零用錢，我買了這麼多零食，划算吧？」

「嗯，挺划算的，團團知道省錢了。」媽媽先是表揚了團團，然後把零食擺到床上，一一分析起來，「你看這個零食快過期了，如果你吃了它，生病了，爸爸媽媽不僅要擔心你，而且你還要打針、吃藥，那就得不償失了。所以呀，你知道花錢節儉是好事，媽媽很欣慰，可是如果買回來的便宜東西不好，那是不是還不如不買呢？賺錢不容易，花錢買的是讓我們高興的東西，而不是去買便宜東西。」

「媽媽，我知道了，要買就買自己用得到的東西。」

案例中，團團自小在奶奶身邊長大，受老人節儉觀念的影響，會去買打折商品。如果只知道買便宜的商品，沒有分辨商品好壞的能力，更不想以後能不能用得到，這樣就會造成浪費。

「錢要花到刀刃上」，買打折商品的出發點是實惠，但如果買回來的物品用不上，或是吃了傷身體就因小失大了。在消費上要讓孩子知道不管東西有多好，一定要先考慮是否適合自己，再決定買不買。

消費觀影響著孩子日後的經濟狀況，合理科學的消費觀可以幫助人們擺脫經濟困擾。在孩子成長的過程中，不僅要及時糾正他們不正確的消費方式，更要引導孩子養成合理的消費觀，讓孩子在日後的生活中把有限的金錢花得更有意義。

幫助孩子制定科學合理的支出計畫

做事情前如果能先制定一個計畫，執行的過程中就不至於手忙腳亂。在消費過程中，合理的支出計畫，可以減少因為資金短缺而帶來的很多問題。生活中，很多人因為不善於為自己制定支出計畫，不知如何分配自己的薪資，常常會陷入財務危機中，因此才會有越來越多的月光族。

科學合理的支出計畫在幫助孩子合理分配錢財、避免孩子亂花錢的同時，還會讓孩子養成存錢的習慣。家長應該在孩子小時候為其制定出合理的支出計畫，以此來控制孩子的消費欲望，堅持下去孩子就能科學、合理地支配自己的金錢。

為了讓孩子能更早地獨立生活，小登國中起就被送到寄宿學校上學。他的爸爸媽媽每週可以來學校一次，每次來看小登，也會留些零用錢。等到上國二時，小登開始自己要錢了，而且要得越來越多。從國一時，每週媽媽給一千元，到現在小登每週自己要五千元，這讓媽媽很擔心。每次問小登錢都花到哪裡去了，小登也一陣迷糊，完全不知道買了什麼，花在哪裡，反正就是不夠。這讓媽媽很費解，平時吃、住、用都歸學校，一個學生一週哪裡需要用到這麼多錢。

跟班導一溝通才知道，原來老師也說過小登愛花錢這個問題。平時揮霍，看什麼好買什麼，同學有什麼自己就要有什麼，但是老師說了幾次也沒用。媽媽聽後就更加擔心了，本來送孩子到寄宿學校上學是要鍛鍊他獨立自主的能力，如果只是讓孩子學會毫無節制地花錢，這樣得不償失。

案例中，小登媽媽的煩惱相信很多家長都有過，孩子意識不到賺錢不易，更不知道存錢、理財，在孩子的意識中對於錢只有一種處理方式，那就是花錢，而且花完還可以再向父母要。如果家長引導不正確，過分寵溺孩子，孩子漸漸就會養成愛花錢、隨便花的不良習慣。

要改正孩子無休止花錢、衝動消費的壞習慣，家長可以幫助孩子制定科學合理的支出計畫，為孩子的消費戴上一個「緊箍咒」。家長負責引導支出計畫的完成和監督支出計畫的進展，讓孩子參與其中，並對自己的支出項目有明確的認知。

✦可以從制定短期消費計畫開始

支出計畫的制定要根據情況而定，如果孩子自控能力弱，家長可以先從短期的消費計畫開始，且在制定支出計畫的過程中不要過多地干涉。

周末，琳琳嚷嚷著要和媽媽去超市購物，但是媽媽一想到上次帶琳琳去超市，琳琳要這個要那個就十分頭痛。這次，媽媽學聰明了，想了個好辦法。

「琳琳，媽媽今天可以帶你去超市，但是你只能選購一件自己心儀的商品，價格不能超過三百元。如果你答應了，媽媽就帶你去，要是你這次乖，媽媽下次還會帶你去。」聽了媽媽的話，琳琳高興地說：「好的媽媽，我答應你，我一定會很乖，我非常想要一個漂亮的娃娃，但具體買哪個要到了超市才能決定。」

媽媽拉著琳琳的小手走進了超市，因為這次可以自己決定買什麼東西了，琳琳特別興奮。她選了好長時間，在比較了娃娃的樣式和價格後，琳琳很乖地買了一個兩百多元的，且自己喜歡的娃娃。

「嗯，表現很好，繼續保持。」媽媽滿臉笑容地說著。

案例中，琳琳媽媽這個方法很管用，先限定了商品的價格，孩子只能在這個價格範圍內選購自己喜歡的商品。事實上，在這個過程中，孩子已經在試著制定支出計畫。孩子知道自己的支出最多就是三百元，所以就不能奢望買更貴的商品，高出三百元的商品也就不再看了。

一些家長出門逛街不帶孩子，是怕孩子看到商品後，內心的購買欲被瞬間點燃，哭著鬧著要買，讓他們覺得很尷尬。有些家長則善於透過巧妙的小方法，有效地讓孩子控制自己的消費欲，孩子也心甘情願地接受家長提出來的條件。

為了避免類似的事情發生，家長要讓孩子制定出一個支出計畫表。購物之前讓孩子把自己需要的商品列在清單中，然後嚴格按照清單上的商品進行購物，這樣就可以有效地減少因為衝動而盲目購物的情形出現。

制定了支出計畫就要嚴格執行

制定支出計畫只是第一步，能否順利完成才是關鍵。在計畫實施的過程中，家長可以做監督員來監督，也可以讓計畫本身就帶有一定的監督性，這樣的支出計畫順利實現才具有真正的意義。

如果孩子能夠按照自己事先制定的消費計畫來執行，家長就要及時表揚孩子，並給予他們一定的獎勵。當孩子沒有嚴格按照計畫進行消費的時候，家長則應該懲罰孩子。

過春節，親戚朋友給了李想好多壓歲錢，一共八千元，可把李想高興壞了。為了防止李想把這筆錢亂花，爸爸把兒子叫到身邊說：「兒子，今天老爸教你一個好方法，讓你的錢可以變得更多。」李想一聽就來了興致。

爸爸先是和李想一起計算了他半年時間需要的零用錢數目，並預計必須支出的費用，詳細地列出了日常必需的開銷。他們還約定，如果沒有意外情況，一定要嚴格按照計畫執行；如果有意外狀況，超出了計畫開支，李想則需要以打工的形式賺錢補上。

支出計畫制定後，李想按計畫嚴格地執行著，半年後，他的零用錢數目已經達到了預定的目標。看李想表現這麼好，爸爸拿出了兩千元獎勵李想，父子二人又悄悄地做著下一步的支出計畫。

案例中，爸爸固定每月給孩子的零用錢數目，並且讓孩子把必要的支出項目一條條地詳細列出，在充分全面地考慮到所有情況之後，與孩子一起制定出科學的理財計畫。計畫制定後，孩子嚴格按計畫執行，計畫有變化時，孩子自己會想辦法把計畫外花去的錢貼補上，這樣每分錢都花在了刀口上。

孩子自控能力差，很容易禁不起誘惑。如果孩子沒有理財目標，揮霍，就會影響孩子日後的成長。當家長和孩子一起制定了合理的支出計畫後，孩子認真執行，家長就免去了對孩子錢不夠花的擔心。這樣既避免了孩子的盲目消費，也教會了孩子理財，端正了孩子對金錢的認知，更提升了孩子今後累積財富的能力。

幫助孩子養成制定支出計畫的好習慣，矯正消費觀，會對孩子日後的生活帶來很大的改觀，這不僅可以提高孩子的理財能力，還可以讓孩子做事的時候變得更加有條理。

讓孩子成為家庭理財小幫手

很多家長從胎教時就開始注重對孩子情商和智商的培養，不僅如此，孩子的財商更要從小培養。為了讓孩子在財富路上領先他人一步，家長從小就該為孩子樹立正確的理財觀念。

在家庭理財中，教孩子理財的過程就是教孩子如何過日子，讓孩子參與到家庭中大大小小的財務決策中，承擔家庭的決策任務。這時孩子會受到一定的重視，很有成就感。

娜娜和昊昊是一對龍鳳胎，但兄妹二人的性格卻截然不同。昊昊陽光、樂觀、積極，而妹妹則內向，且憂鬱寡言。性格所致，從小家裡不管是大事還是小事，昊昊都愛往前湊，一邊聽著，一邊插嘴上兩句；妹妹則不同，總愛躲在自己的小天地裡，事事不愛關心。

平時爸爸媽媽對兄妹二人都是一樣地教育，但對於兄妹二人性格上的差異，他們卻不以為意。他們認為，男孩子就該多和外面打交道、多參與家裡的事、多承擔責任，以後才能賺錢養家；對於女孩，就是平時多讀讀書，好好學習，考個好大學，嫁個好人家就行了。

兄妹二人上大學後，媽媽給了二人一樣的生活費，半學期結束了，媽媽算帳時疑惑了。令媽媽不解的是，為什麼哥哥的生活費到了學期結束還剩一些？而妹妹的生活費兩個月就都沒了呢？人家都說女孩子愛存錢、花錢省，怎麼我家的就偏偏不一樣呢？

案例中，這種情況在媽媽看來很匪夷所思。事實上，從兄妹二人平時在生活中的表現就很容易知道，哥哥平時愛參與家裡的事，慢慢也就知道父母賺錢的不易；而妹妹「兩耳不聞窗外事」，對這些都不關心。在爸爸媽媽的帶動下，哥哥知道如何能管好錢，所以長大後，對於花錢就有一定的控制力了。妹妹則不同，她從小就對錢沒什麼概念，上大學後，媽媽突然把一筆錢都交給她，她難免會有些措手不及。沒有規劃地花錢，把不需要的東西都買了，錢很快也就花光了。

理財觀念的培養要從小做起，灌輸孩子正確的理財觀，當孩子對財富有一定的認知時，家長要積極鼓勵孩子為家庭的理財貢獻力量。

孩子的積極性需要調動，在家庭理財教育中，家長要引導孩子成為家庭理財的參與者，積極獻策，並適當給予鼓勵，讓孩子知道自己的重要性。

支持孩子貢獻理財智慧

案例中，爸爸媽媽特意培養小冰的理財觀念，讓小冰有了自己的金錢觀與消費觀。當小冰三歲時開始識錢，慢慢分得清鈔票的面值；五歲時，媽媽帶小冰購物，讓小冰自己拿錢去結帳；八歲時，小冰開始自己管理零用錢；十二歲時，小冰就對金錢有了小小的認知。在媽媽的許可下，她自己有計畫地花錢、存錢，並了解投資知識。

一天放學回到家，小冰看到爸爸媽媽正在爭執，一問才知，原來是爸爸剛發了五萬元的年終獎金，但是對於這筆錢的分配兩人意見不統一。媽媽認為放到銀行儲蓄好，安全、還有利息；爸爸則想去做投資，想要拿去買股票。

小冰一聽是這個問題，瞬間來了興趣，說：「爸爸媽媽，按照平時你們教我的理財知識，可以這樣安排：我們可以拿兩萬讓媽媽去儲蓄，兩萬給爸爸玩股票，剩下的一萬可以選擇投資當下熱賣的理財產品。這樣既降低了風險，也保證了收益，還滿足了爸爸媽媽的願望。」

爸爸一聽，表揚了小冰：「可以呀，平時沒白教你，現在都能替我們出主意了。」

看到爸爸媽媽對金錢分配有不同意見時，小冰很快就提出了解決辦法，為家庭的理財貢獻了自己的一份力量。此時，不僅會讓小冰找到自己存在的價值，更讓她堅定了學習理財知識的信念。

家庭理財是理財業的未來和希望，孩子又是每個家庭的未來和希望，所以孩子從小接受理財教育，形成一定的理財觀，以後也就不會因為經濟問題而苦惱。

✦不要讓孩子遠離家庭理財

孩子從出生起就是家庭的一員，對於家庭的理財，家長有責任一步步引導孩子參與其中。如果讓孩子遠離家庭理財，只會讓孩子對金錢失去興趣，最後成為金錢的奴隸。

爸爸媽媽平時對錢的管理十分嚴格，剛開始時，小輝聽到爸爸媽媽討論錢的問題時還愛往前湊合，可是每次媽媽都找理由支開小輝，小輝漸漸地也就沒了興趣。從小，小輝很少能接觸到錢，平時吃的用的都是小輝列個清單，媽媽買回來給小輝。爸爸媽媽這樣做，一是不想因為錢影響小輝學習，二是聽說親戚家的孩子有偷錢行為。在爸爸媽媽看來，讓孩子長大後再接觸錢，就不會有這些問題。

小輝一天天長大了，對錢依然毫無認知，上大學後，爸爸媽媽也管不了太多，就為小輝辦了一張卡，把生活費存在裡面。但是錢對於小輝來說就是一個數字，平時看到喜歡的東西就買，可是很多次買回來的東西不是不實用，就是買貴了。看到同宿舍一位同學花錢、存錢、理財都很在行，就把自己的生活費交給了同學代為管理，還另付了管理費。

案例中，很顯然爸爸媽媽對小輝的教育方式存在很大的問題，他們不僅對小輝的財商教育不到位，更因為顧慮，讓小輝遠離金錢，導致了小輝對金錢缺乏基本認知。連花錢都嫌麻煩、都處理不好，就更不要指望小輝以後存錢做投資理財了。

從小學習理財，可以讓孩子終身受益。從短期的效果看，會養成孩子不亂花錢的習慣；從中期的效果看，會培養孩子的投資能力和處理人際關係的能力；從長期的效果看，會養成孩子獨立的生活能力和家庭責任感，成為一個對社會和家庭都有用的人。孩子學到相關的理財知識後，更會相信有付出才有收穫，間接增強了孩子的自我保護能力。

好的家庭教育是孩子成長的必要條件，從小加強對孩子的理財教育，更利於把孩子培養成一個獨立的人、一個成功的人、一個能承擔家庭責任的人、一個孝敬父母的人。一句話：讓孩子成為一個有用的人。

別讓虛榮侵入孩子的心靈

在物質生活日益豐富的今天，人與人之間的關係很容易被虛榮心影響。隨著孩子不斷成長，他們逐漸開始敞開心扉迎接外面的世界，在開闊眼界的同時，社會上諸多不良風氣也會進入孩子的視野。

作為家長，為確保孩子健康成長，對於遏制虛榮心在孩子心中生根發芽一定要高度重視。因為孩子一旦墮入虛榮的深淵，不僅會對物質生活產生盲目追逐的心理，同時還會滋生出自卑心理，長期發展下去，他們將失去作為孩子本該擁有的天真與快樂。

◆警惕缺失帶給孩子的虛榮心理

年齡尚小的孩子心智不是十分成熟，非常容易受到周遭環境的影響。一些同齡孩子所具備的優越條件會讓這些不具備的孩子慢慢變得懷疑自己，甚至為了所謂的「追趕」而製造假象麻痺自己，以此來緩解這種巨大的心理落差。與此同時，虛榮心乘虛而入，在孩子心中徘徊，不願離開。

楊光出生在一個普通的鄉下家庭，家中一年的主要收入來源就是耕地。雖然物質條件並不好，但是楊光的爸爸媽媽卻都知道良好教育的重要性，因此從楊光上學開始，夫妻二人就沒日沒夜地操勞，農忙過後就出去工作，到了季節再回來種田。就這樣，夫妻二人累積了一定的錢財，打算為孩子日後讀書做準備。楊光也十分爭氣，以優異成績考入了第一志願，這讓爸爸媽媽樂開了花。

來到大城市的楊光算是大開眼界，高樓林立、人群車輛川流不息，還有便是一個個家境優越的同學。剛開始的時候，楊光對此並沒有過多的想法，可是隨著朝夕相處，他越發感到自己和其他人的差距。「為什麼我要生在這麼窮的家裡？」、「他們是不是心底都很瞧不起我？」等一系列問題在他心中產生，他在與同學們的日常相處中越發自卑了。漸漸地，他像是變了一個人——將自己的生活費省出來買名牌衣服，謊稱自己買了好多套；每次提及父母，他都說他們是做國際貿易的，平時很忙，只有節日才能看到，等等。同學們每次聽到楊光在一旁侃侃而談，都表現出濃厚的興趣，一時之間，他成了班上的「小明星」。

但是，在一次家長會上，當老師念到楊光名字時，楊光的媽媽向講臺上點頭致意。很快，媽媽發現自己身上集結了很多種目光，還有很多同學不斷看向楊光，眼裡充滿了不解。回過頭來，看到小臉漲得通紅的孩子，急忙詢問：「怎麼了？」楊光輕聲說：「唉，露餡了。我說你倆是做國際貿易的大老闆，今天直接被你自己拆臺了。」

聽了兒子的話，媽媽發現自己讓孩子「丟臉了」。可兒子原本不是這樣的人啊，這半年都經歷了什麼？帶著疑惑和心痛，看著不再吐露一字一句的兒子，媽媽陷入了沉默。

案例中，楊光是個倔強的孩子，家境貧寒加上爸爸媽媽的操勞讓他有足夠的動力好好學習，也成功考入理想的高中。但是來到新環境後，與同學之間明顯的差距讓他自卑，又沒有人可以傾訴，所以虛榮藉機到來，讓他開始為了所謂的自尊心而滿嘴謊言，被拆穿後，又開始抱怨母親。而母親因為只顧著賺錢養家而無暇顧及孩子的成長歷程，最終造成了越來越接近失控的局面。

人在與所處環境中的大多數人相比較時，如果感覺到在某些方面有明顯的缺失，就會產生自卑心理，漸漸地，虛榮心理作為一種心靈空虛的填補，就會悄然生長，長期下去將徹底占據你的心靈。這種情況在成人的世界都屢見不鮮，更何況是孩童。家長對於這種情況要時刻保持警惕，積極與孩子溝通交流，排解孩子心中的負面情緒，增進彼此的信任，只有這樣，孩子才能最大程度地對你敞開心扉。

盲目比較是孩子虛榮心暴漲的泉源

同儕比較最近幾年有暴漲的趨勢，同齡孩子之間從成績到衣著打扮，從父母的職業、職位到家庭的經濟水準，只要是可以用來當作談資進行比較的，幾乎都要被孩子拿到檯面上來進行明碼標價。在虛榮心的驅使下，學生間不斷地上演一齣齣可笑的鬧劇，著實讓很多家長為之頭痛。

曹松發現兒子上了國中以後，開始越來越頻繁地向自己和妻子要零用錢，原本以為只是開學季需要的東西多，所以才花得多了，畢竟孩子長大不少，多點零用錢也無可非議。可是最近，兒子又要買新書包、新手錶、新衣服，曹松左思右想，覺得事情沒自己想得那麼簡單，就決定和妻子一起找到兒子交流一番。

經過交談，他發現，原來兒子是滋生了比較心理。來到國中，見到其他家境優越的孩子全身都是名牌，同時每天還會有大量的零用錢，兒子心裡開始不平衡起來，所以最近一段時間才表現得如此反常。了解到情況之後，曹松對兒子說：「兒子，你這樣的想法是不對的。首先，我們的家庭條件很一般，無法和他們一樣揮霍，買那麼多東西給孩子；其次，你真的覺得他們的新衣服、新背包那麼吸引你嗎？作為學生，最重要的、最讓人欣賞的不該是對學習的熱情嗎？如果你能考出好成績，相信欣賞你的人會遠遠比羨慕那些富家子弟的多，你說呢？」兒子聽後若有所思，沒多久就點頭同意，並保證以後不會再多要零用錢了。曹松見狀，欣慰地笑了。

案例中，曹松發現兒子有了比較心理後，沒有急於拒絕孩子的請求或是責罵孩子，而是選擇向孩子心平氣和地講道理，讓孩子明白自己目前狀態的不對，最終成功勸阻了孩子，是家長教育子女的典範。

盲目比較對於正處於身體與心理雙重快速發展期的孩子無疑是有百害而無一利的。在比較中占據上風的孩子會滋生毫無根據的自信，進而發展成自負；而若是長期處於下風，孩子則可能慢慢變得自卑且敏感，失去了作為孩子最基本的快樂。無論是哪種情況，都是家長不願看到的。為此，家長要教孩子正確的價值觀，杜絕比較，將自己的精力更多地投入到學習知識與提升自身綜合素養上去。

如何對待孩子的名牌情結

當今社會，名牌效應在日常生活中日益凸顯，如今的吃穿住行各個領域都被各種名牌充斥著。孩子本身就對新奇事物充滿好奇，在各種名牌的行銷策略下可以說是毫無抵抗力，很多孩子在接觸到名牌之後往往都深陷其中，無法自拔。針對這種情況，家長既不能驕縱孩子，讓這種名牌情結在其心中滋生並壯大；也不能剛性管制，不然容易讓孩子出現牴觸心理。家長要透過引例或是側面教育良性引導孩子，讓孩子真正明白其中的利害，發自內心地接受教導和建議。

楊華的兒子今年十歲了，從小到大幾乎沒怎麼讓他費心過，不過他最近卻有些苦惱，因為孩子前幾天開口向他要一套十分昂貴的衣服。

因為兒子看到班裡有幾個同學都穿著名牌衣服，十分心動，所以回到家後便和爸爸媽媽探討起此事。其實楊華心裡的想法是不想買這些衣服給兒子的，並不是家裡的經濟條件不允許，而是他覺得沒有必要。一來，花那麼多錢買衣服給孩子後，不知道他穿多久就會失去新鮮感，容易造成浪費；二來，他擔心自己的放任會讓兒子對名牌衣物逐漸熱衷起來，到時候形成難以控制的局面。可是話雖如此，面對孩子渴望的眼神和近乎央求的語氣，他始終無法下定決心拒絕孩子，也想不到合適的說詞來打消孩子在這上面的念頭。晚上，他和妻子商量之後發現，兩人的想法基本一致，都是苦於不知如何說服孩子。

這幾天，每到閒暇時，楊華總是不禁想起這件事，著實讓他頭痛不已。

案例中，楊華面對孩子對名牌衣物的要求沒有著急答應，是因為他知道其中的利害，但是苦於不知如何說服孩子而不得不將孩子的請求暫時擱置。雖然沒有讓名牌情結在孩子心中輕易生根發芽，但是一邊是焦急等待的孩子，一邊是焦頭爛額的父母，結果事情還是無法得到妥善解決。

面對孩子購買名牌的請求，拒絕是必要的，不過要尋找恰當的解決方式，既不能傷了孩子的心，也不能任由事態發展。家長最好在商量過後，將自己真實的想法用合適的語言轉達給孩子，讓孩子學會自己思考消費上的問題，這樣的解決方法往往是最適當的。

◆別讓孩子習慣於名牌生活

很多孩子對於名牌的痴迷都不是一朝一夕之間形成的，他們中的絕大多數人都是在家長最開始的放任下，變本加厲地想要名牌。所以說，名牌情結的形成不單單是孩子的錯，家長往往也有不可推卸的責任。

小段最近為了女兒購物的事情可是煩透了，為什麼呢？原來，女兒又吵著和他要名牌了。其實每次女兒買衣服、鞋子，跟他講要選名牌的時候，他都想出口制止，但是話到嘴邊就有種說不出的感覺。說輕了，孩子根本不會放在心上，所有的口舌就純屬白費了；說重了，又怕傷了女兒的心，畢竟女兒才是最重要的。思來想去也找不到合適的解決辦法，最終只能答應。

大概在女兒小學三年級的時候，她第一次開口向小段要了一個名牌書包，小段當時想都沒想就直接買給她了。後來，女兒開始越來越頻繁地要買名牌，當時小段想過要出言制止，但轉念一想，家裡的條件又不是不允許她花錢，何必為了幾件名牌鬧得女兒不開心呢？於是就這樣，女兒從剛開始的一個名牌書包，發展到現在全身上下都是名牌，加起來比他穿的都貴。這時，小段才意識到事態開始嚴重起來，卻沒有找到合適的機會和言詞來說服女兒放棄追逐名牌。女兒越來越大了，小段不知該怎麼和女兒溝通，所以只能一次次被女兒軟硬兼施地拉去陪她購物，最終無可奈何地看著一臉興奮的女兒。

女兒還沒有成年，以後可能還有名牌車子、名牌包包、名牌化妝品等一大堆的名牌在前方等待著她去追逐。家中的經濟狀況確實可以讓她全身名牌，但是總有一天她要獨立，小段不禁開始擔心以後的女兒究竟是否可以支付得起自己的奢侈品帳單了。苦於沒有好方法拉回在名牌之路上疾馳的女兒，所以每每這時，小段只能懊悔當初的衝動和肆意滿足女兒的任性，最後留下一聲嘆息。

案例中，面對女兒對名牌商品的執著，身為父親的小段無可奈何。究其根本，造成這種現象的原因是他一開始就沒有意識到問題的嚴重性，只是一味地滿足女兒的購物要求。這種長期累積的名牌情結讓女兒無法自拔，也讓深愛著女兒的小段就算如今意識到了問題的嚴重性，但依然無計可施。

當發覺孩子開始對名牌商品心有嚮往的時候，家長要及時進行溝通，透過與孩子的溝通來解決問題。如果家長是抱著先滿足再制止的想法暫時讓孩子享受到心願達成的快樂，那麼日後的勸阻必然困難重重。

看淡名牌需要正確的引導

孩子對於名牌的追求往往源於最初的好奇心理，家長要準確掌握這一點，學會轉移孩子在名牌上的注意力，將自己的理論講給孩子聽，這樣問題解決起來往往事半功倍。

王宏的同事最近在閒暇時曾經找他，與他探討教育孩子的方法。原來，同事家裡的孩子最近吵著要買一雙明星球鞋，同事一時之間不知所措。偶然聽說王宏家的孩子很懂事，所以特地前來交流，想在育兒方面吸取一些經驗。

王宏和他說，自己的女兒也曾經出現過這種情況，那是在女兒小學二年級的時候，她曾要求過一條兒童的品牌連衣裙。當時，自己就明確地拒絕了女兒，他和女兒說：「爸爸覺得這是沒有必要的，你年紀還小，沒有必要穿那麼貴的衣服。你想想貧困地區的孩子，有多少和你年齡相仿的小朋友吃不飽穿不暖？我們何不把省下來的錢用於幫助他們呢？」

同時，王宏還給了女兒一個方案：裙子可以買，不過因為買裙子超過了她的生活開支預算，所以錢要從她的玩具、零食一類的開銷裡面扣除，讓女兒自己選擇。女兒認真思考爸爸的話後，決定放棄買裙子的想法。自此之後，女兒就很少要名牌了，即便也有幾次類似情況，他都變著方法和女兒講這些雷同的道理，最終成功說服女兒聽從自己的建議。至今，女兒都沒有在名牌問題上出現過於誇張的舉動。

聽了王宏的話，同事連連道謝，表示收穫頗豐。

案例中，王宏教育孩子的方式無疑是十分明智的，他在拒絕了女兒對於名牌的要求的同時，也把道理講得清清楚楚。這樣既阻止了孩子購買名牌，又不會引起孩子的負面情緒。

拒絕孩子的決定可以做得十分輕鬆，但是如何有效地解決問題又不讓孩子產生反抗心理是每位家長需要注意的問題。邏輯清晰、道理淺顯、說話方式易於接受，只有做到這幾點，孩子才會更容易被你說服。

電子書購買

爽讀 APP

國家圖書館出版品預行編目資料

財商啟蒙！孩子的第一堂金錢課：遠離炫富與比較，成就物質與精神的雙重富足 / 玲瓏 著 . -- 第一版 . -- 臺北市：樂律文化事業有限公司，2025.02
面； 公分
POD 版
ISBN 978-626-7644-55-3(平裝)
1.CST: 理財 2.CST: 金錢 3.CST: 親職教育
563 114001224

財商啟蒙！孩子的第一堂金錢課：遠離炫富與比較，成就物質與精神的雙重富足

臉書

作　　者：玲瓏
責任編輯：高惠娟
發 行 人：黃振庭
出 版 者：樂律文化事業有限公司
發 行 者：崧博出版事業有限公司
E-mail：sonbookservice@gmail.com
粉 絲 頁：https://www.facebook.com/sonbookss/
網　　址：https://sonbook.net/
地　　址：台北市中正區重慶南路一段 61 號 8 樓
8F., No.61, Sec. 1, Chongqing S. Rd., Zhongzheng Dist., Taipei City 100, Taiwan
電　　話：(02) 2370-3310　　傳　　真：(02) 2388-1990
律師顧問：廣華律師事務所 張珮琦律師
定　　價：299 元
發行日期：2025 年 02 月第一版
◎本書以 POD 印製